# L'AVENTURE UNIQUE D'UN RÉSEAU DE BÂTISSEURS

Les Éditions Transcontinental
1100, boul. René-Lévesque Ouest
24e étage
Montréal (Québec) H3B 4X9
Tél.: (514) 392-9000
1 800 361-5479

Les Éditions de la Fondation de l'entrepreneurship
160, 76e Rue Est
Bureau 250
Charlesbourg (Québec) G1H 7H6
Tél.: (418) 646-1994
1 800 661-2160
Internet: www.entrepreneurship.qc.ca

La collection *Entreprendre* est une initiative conjointe de la Fondation de l'entrepreneurship et des Éditions Transcontinental afin de répondre aux besoins des futurs et des nouveaux entrepreneurs.

**Données de catalogage avant publication (Canada)**
Paquette, Claude
*L'aventure unique d'un réseau de bâtisseurs :*
*l'expérience du Groupement des chefs d'entreprise du Québec*
(Entreprendre)
Comprend des réf. bibliogr.
Publ. en collab. avec: Fondation de l'entrepreneurship

ISBN 2-89521-006-3 (La Fondation)
ISBN 2-89472-063-7 (Les Éditions)

1. Groupement des chefs d'entreprise du Québec - Histoire. 2. Chefs d'entreprise - Québec (Province) - Associations. 3. Chefs d'entreprise - Québec (Province). 4. Petites et moyennes entreprises - Québec (Province) - Gestion. 5. Entrepreneuriat - Québec (Province). I. Titre. II. Titre: Fondation de l'entrepreneurship. III. Collection: Entreprendre (Montréal, Québec).

HD36.25.03P38 1999          65B.4'006'0714          C99-941662-6

Révision et correction: Louise Dufour, Jacinthe Lesage
Mise en pages et conception graphique de la page couverture: Studio Andrée Robillard

Imprimé au Canada
© Les Éditions Transcontinental inc.
et Les Éditions de la Fondation de l'entrepreneurship, 1999
Dépôt légal — 4e trimestre 1999
Bibliothèque nationale du Québec
Bibliothèque nationale du Canada

ISBN 2-89521-006-3 (La Fondation)
ISBN 2-89472-063-7 (Les Éditions)

Les Éditions Transcontinental remercient le ministère du Patrimoine canadien et la Société de développement des entreprises culturelles du Québec d'appuyer leur programme d'édition.

Claude Paquette

# L'AVENTURE UNIQUE D'UN RÉSEAU DE BÂTISSEURS

## L'expérience du Groupement des chefs d'entreprise du Québec

Les Éditions
TRANSCONTINENTAL inc.

LES ÉDITIONS DE LA FONDATION DE
l'entrepreneurship

O

## DU MÊME AUTEUR

**Biographies**

1998    *Languirand, biographie.* Éditions Libre Expression.

1997    *Yvon Deschamps, un aventurier fragile.* Éditions Québec Amérique.

**Essais sur les valeurs et les tendances sociales**

1996    *Demain, une caricature d'aujourd'hui.* Éditions NHP.

1995    *Réussir l'avenir.* Éditions NHP. Version Nouveau-Brunswick.

1995    *Réussir l'avenir.* Éditions NHP. Version Québec.

1991    *Des idées d'avenir pour un monde qui vacille.* Éditions Québec Amérique.

1990    *L'effet caméléon.* Éditions Québec Amérique.

1985    *Pédagogie ouverte et autodéveloppement.* Éditions NHP.

1985    *Les chemins de l'autodéveloppement.* En collaboration. Éditions Québec Amérique.

1985    *Intervenir avec cohérence.* Éditions Québec Amérique.

1982    *Analyse de ses valeurs personnelles.* Éditions Québec Amérique.

**Essais sur la pédagogie ouverte et le projet éducatif**

1992    *Une pédagogie ouverte et interactive.* Éditions Québec Amérique.
        Tome 1 : *L'Approche.* Tome 2 : *Démarches et outils.*

1991    *Éducation aux valeurs et projet éducatif.* Éditions Québec Amérique.
        Tome 1 : *L'Approche.* Tome 2 : *Démarches et outils.*

1976    *Vers une pratique de la pédagogie ouverte.* Éditions NHP.

**Ouvrages complémentaires de cette catégorie**

1984    *La pédagogie ouverte en question ? Débats autour de la philosophie de Claude Paquette à l'UQAR.* En collaboration. Éditions Québec Amérique.

1984    *Des pratiques évaluatives.* En collaboration. Éditions NHP.

1982    *Activités ouvertes d'apprentissage.* En collaboration. Éditions NHP.

1981    *Évaluation et pédagogie ouverte.* En collaboration. Éditions NHP.

1980    *Grille d'analyse réflexive pour cheminer en pédagogie ouverte.*
        En collaboration. Éditions NHP.

1980    *Le projet éducatif et son contexte.* Éditions NHP.

1979    *Le projet éducatif.* Éditions NHP.

1977    *Plan d'études et pédagogie ouverte.* En collaboration. Éditions NHP.

1971    *Techniques sociométriques et pratique pédagogique.* Éditions NHP.

**Essais sur la formation et la gestion**

1989    *Outils de gestion pour la direction des services éducatifs.* Éditions Interaction.

1989    *Outils de gestion pour la direction générale.* Éditions Interaction.

1987    *Implantation des programmes.* Éditions Interaction.

1986    *Vers une pratique de la supervision interactionnelle.* Éditions NHP.

Et que dirons-nous à nos enfants si nous n'avons fait que gagner notre vie ?

Michel VILLETTE,
*L'homme qui croyait au management*

Le métier de chef d'entreprise est un métier exaltant et difficile, car il nous met sans cesse en situation de tension entre notre éthique et une réalité quotidienne. Cette tension, il faut la reconnaître comme naturelle, elle est souvent créatrice de solutions économiques performantes sans contradiction avec les valeurs qui nous fondent.

Didier LIVIO,
président du Centre des jeunes dirigeants
(CJD-France) de 1994 à 1996

# FONDATION DE
# l'entrepreneurship

**La Fondation de l'entrepreneurship** œuvre au développement économique et social en préconisant la multiplication d'entreprises capables de créer de l'emploi et de favoriser la richesse collective.

Elle cherche à dépister les personnes douées pour entreprendre et encourage les entrepreneurs à progresser en facilitant leur formation par la production d'ouvrages, la tenue de colloques ou de concours.

Son action s'étend à toutes les sphères de la société de façon à promouvoir un environnement favorable à la création et à l'expansion des entreprises.

La Fondation peut s'acquitter de sa mission grâce à l'expertise et au soutien financier de plusieurs organismes. Elle rend un hommage particulier à ses **partenaires** :

ses **associés gouvernementaux** :

et remercie ses **gouverneurs** :

# TABLE DES MATIÈRES

# Avant-propos

Qu'il est difficile d'aimer, qu'il est difficile
Qu'il est difficile d'aimer, qu'il est difficile...
Gilles VIGNEAULT, *Le doux chagrin.*

Qu'est-ce que réussir sa vie ? Est-il facile d'être heureux tout en étant chef d'entreprise ? Peut-on réussir en tant que chef d'entreprise si sa vie personnelle est insatisfaisante ? Qu'est-ce que réussir tout simplement ? Qu'est-ce que le bonheur ? Qu'est-ce qu'un bon chef d'entreprise ? Qu'est-ce qui favorise le développement ? Quelles sont les motivations qui poussent à agir ? Comment réagir aux nouvelles tendances du marché ?

Voilà des questions que des chefs d'entreprise se posent fréquemment, depuis 25 ans, au cours de leurs rencontres mensuelles en petits clubs locaux ou au moment de leurs congrès annuels.

Imaginez la situation. Actuellement, tous les mois, partout au Québec, presque un millier de chefs d'entreprise se réunissent — habituellement en groupes de moins de 10 personnes — pour profiter de l'expérience des autres dans le but de progresser comme dirigeants et de réussir non seulement dans leur entreprise mais aussi dans leur vie personnelle. Généralement, une rencontre commence par l'une ou l'autre des questions suivantes : « Comment ça va dans ton entreprise ? » ou « Comment ça va dans ta vie personnelle ? » ou « Qu'est-ce qu'il y a de neuf ? » L'animation est d'ordinaire assumée par le président du club local, qui est lui-même chef d'entreprise. L'on s'aide entre pairs à devenir meilleur chef humainement et techniquement.

Le club est autonome quant au choix de ses sujets de travail et à celui de ses membres, lesquels doivent être acceptés à l'unanimité. Lorsque l'un des membres du club a une préoccupation particulière, l'opération « coup de pouce » s'amorce pour le soutenir au cours de cette période difficile.

Tous ces chefs d'entreprise sont membres d'un réseau plus vaste maintenant connu sous le nom de Groupement des chefs d'entreprise du Québec. Le Groupement, fondé en 1974, soutient deux convictions complémentaires : d'une part, les « valeurs humaines » doivent primer, et ce, même dans le monde des affaires et, d'autre part, le chef d'entreprise est et sera meilleur s'il a le souci de se préoccuper de toutes les facettes de sa vie. Sous cette optique, on fait la corrélation entre la qualité d'une entreprise et la qualité de son dirigeant principal.

Le contenu de ce livre est basé sur trois histoires liées : celle du Groupement fondé « par et pour » des chefs de PME manufacturières, celle des chefs d'entreprise du Québec dont l'image et la mission se sont transformées depuis 25 ans et celle de gens ou d'organismes extérieurs au Groupement dont l'apport a contribué à l'essor et à la consolidation des objectifs de celui-ci.

Ainsi, le récit de la formation et de l'évolution du Groupement constitue la trame de fond de cet ouvrage, voire le prétexte à une réflexion qui va au-delà de l'histoire. Dès le début du livre, j'examine le parcours du Groupement en insistant sur les temps forts, les orientations, les préoccupations, les difficultés et même les dérives. Une histoire étonnante et unique, quelquefois troublante, mais surtout rafraîchissante dans un monde « dur » dont les valeurs communes sont, du moins en apparence, purement économiques.

Le livre traite également du parcours global des chefs de PME manufacturières depuis 25 ans. J'ai voulu cerner, à l'aide de quelques illustrations, la transformation du rôle de chef d'entreprise. Diriger aujourd'hui ne se fait pas comme hier, et le Groupement a contribué à l'émergence d'une nouvelle vision de l'entrepreneurship. Par exemple, il est possible de remonter le cours de l'histoire pour montrer que l'entraide est présente depuis longtemps, mais que le Groupement a su en faire une stratégie fondamentale, même au cours de périodes où cette valeur n'était pas dans l'air du temps. En ce sens, l'histoire est celle de précurseurs.

L'histoire d'un tel groupement est en outre le fruit de rencontres déterminantes entre ses promoteurs et d'autres personnes ayant influé sur le monde des affaires et sur la société. Quand on a la conviction que l'entraide et le partage des compétences permettent d'édifier des entreprises marquant leur époque et leur milieu, on pense aussi que toute œuvre est le fruit d'un effort collectif. Le Groupement fait preuve de générosité en reconnaissant non seulement l'apport de ses membres mais également celui d'autres hommes et d'autres femmes qui ont cru également en « cette idée folle ». Les fondateurs et les promoteurs du Groupement ont bien sûr été inspirés par les grands bâtisseurs de leur époque, mais aussi et surtout par des gens qui ont contribué à développer et à faire progresser des PME dans leur région. Les vrais héros, les vrais modèles, les vrais maîtres n'ont peut-être pas bâti des empires ou des cathédrales, mais leur contribution n'en a pas moins été déterminante. J'ai essayé d'éviter d'écrire une hagiographie pour me consacrer à des personnes qui ont exercé une grande influence.

Je termine par un essai personnel sur les valeurs qui inspirent le Groupement et plusieurs milieux d'affaires d'ici ou d'ailleurs et par une analyse de la « mentalité groupement », utilisable, selon moi et selon bon nombre de membres de l'association, dans d'autres organisations formelles ou informelles et même dans nos vies personnelles.

Un tel ouvrage est à la fois un acte de reconnaissance et un effort de mémoire envers ceux qui osent entreprendre et qui « durent », malgré les difficultés, les doutes et les douleurs. Toutefois, avant tout, il rend hommage au rêve et à la passion ainsi qu'à l'action inspirée par des valeurs qui rendent la personne et la société meilleures. En ce sens, nous pouvons tous être des bâtisseurs.

**Claude Paquette**, *octobre 1999*

# PREMIÈRE PARTIE

# UNE HISTOIRE ÉTONNANTE ET UNIQUE

## Chapitre 1

# Le bâton du pèlerin

I l est toujours difficile de cerner avec exactitude le moment de la naissance d'une idée. Une idée peut être le fruit d'une longue maturation ou émerger spontanément au hasard d'une rencontre ou d'une réflexion, et n'avoir de sens que pour quelques personnes. Mais, à un moment donné, un milieu est prêt à la recevoir. On dit que l'idée est apparue en temps opportun.

### 1974 : l'enthousiasme des débuts

Au début de l'année 1974, Rosaire Fortier, fonctionnaire du ministère de l'Industrie et du Commerce, revient d'une mission d'observation en France. Au cours de son séjour, Fortier s'est particulièrement intéressé au Groupement français d'entreprises (GFE), organisme voué à la défense des intérêts de ses membres et à la mise en place d'un regroupement de services.

En France, le financement des petites entreprises pose des problèmes immenses aux dirigeants. En 1965, dès la fondation du mouvement, 47 industriels s'unissent afin de faciliter le financement des investissements immobiliers de ses adhérents. Ne pouvant aider ses membres à obtenir du financement auprès des établissements bancaires ou financiers existants, le groupement fonde l'organisme Pretabail-Immobilier. Plus tard, en 1970, cette compagnie fait l'acquisition d'un établissement financier. En 1972, deux entités sont formées : Transbail poursuit les activités de Pretabail en s'associant à des partenaires, et le Groupement français d'entreprises revient à son nom d'origine et à sa mission première. En 1974, le GFE, par l'entremise de Pretabail, compte 2700 membres. Le Groupement se présente comme « un compagnon de route pour mieux gérer le développement de l'entreprise du membre ».

Ce genre de groupement n'existe pas au Québec à cette époque. Le ministre de l'Industrie et du Commerce, Guy St-Pierre, est ouvert à l'idée et convoque une réunion à Lévis pour discuter de la possibilité de créer un tel organisme. Sept industriels se présentent à la rencontre. Ils sont séduits par le projet, mais ils se demandent s'il vaut la peine d'y investir temps, argent et énergie. Ils en parlent dans leur milieu respectif. Les réactions sont plutôt froides, car on croit en général que la mentalité des gens d'affaires résistera à une initiative de cet ordre. Pendant plusieurs mois, Marcel J. Bundock[1] et six autres chefs d'entreprise[2] se réunissent régulièrement pour échanger leurs points de vue sur le sujet. Beaucoup d'entre eux font des centaines de kilomètres afin de participer à ces rencontres. Tous prennent autant de plaisir à discuter de la fondation de cette association que de leur métier de chef d'entreprise. Un jour, « les sept de la première heure » décident d'aller de l'avant. Dans le but d'augmenter l'effectif, chacun s'engage à recruter au moins un membre pour le début des activités. Engagement tenu, car le Groupement québécois d'entreprises (GQE) naît au début d'août 1974 et est composé de 14 entreprises membres.

Le 28 novembre 1974, réunis à l'hôtel Hilton de Québec, les premiers membres du Groupement québécois d'entreprises semblent assurés de la pertinence et de la nécessité de leur nouveau centre de services dédié à la petite et à la moyenne entreprise francophone du Québec, même si le concept est encore très peu défini. Devant quelque 250 invités, le ministre Guy St-Pierre et Marcel J. Bundock, président du Groupement, annoncent les orientations du nouvel organisme. Celui-ci a un statut de société privée à but lucratif et appartient aux entreprises membres.

Pour le ministre, le Groupement offre « la possibilité de regrouper les petites et moyennes entreprises du Québec au sein d'un nouveau groupe d'action vraiment pratique et poursuivant des objectifs réalistes et immédiats ». Quant au président Bundock, il souligne le point suivant : « Il est urgent de briser l'individualisme du milieu de la PME en favorisant un regroupement d'efforts, un regroupement d'hommes animés avant tout de bonne volonté. » Tous deux insistent pour démontrer l'importance des PME dans l'économie québécoise, même si « le milieu des affaires et les officines gouvernementales valorisent surtout les conglomérats et les multinationales ; la PME étant simplement une étape obligée avant de devenir une grande entreprise ». En la présence d'une telle mentalité dominante, il est difficile pour un entrepreneur de voir un signe de réussite dans le fait de rester petit.

À sa fondation, le Groupement s'affirme avant tout comme un centre de services. Cependant, il doit se démarquer des autres organismes déjà existants, à savoir les chambres de commerce, le Conseil du patronat (CPQ) et le Centre des dirigeants d'entreprises (CDE). Étant donné que la loi exige qu'une entreprise appartienne pour au moins 50 % à des intérêts québécois et ait son siège social au Québec, une association dont les membres sont précisément des petites et moyennes entreprises manufacturières donne au Groupement le caractère d'un groupe nationaliste. Le Groupement se distingue également par le fait qu'il veut être présent dans toutes les régions du Québec en mettant en place une structure régionale. Même si le siège social est à Québec, on veut que des représentants régionaux soient élus pour former le conseil d'administration. Car, avant tout, les petites et moyennes entreprises participent à l'économie régionale.

En outre, en procédant à l'incorporation du Groupement québécois d'entreprises, les fondateurs créent une « filiale » dont ils attendent beaucoup : le Groupement financier québécois d'entreprises « qui jouera un rôle actif et positif » dans le financement de certaines entreprises québécoises.

Dans *Le Soleil* du 29 novembre 1974, le journaliste Michel Morin décrit ainsi les ambitions des fondateurs du Groupement :

> Ils sont soixante actuellement, ils veulent être six cents en juin. Six cents à mille dollars chacun, cela fera 600 000 $ pour un centre de services... et un interlocuteur valable auprès du gouvernement pour la petite et moyenne entreprise.

### 1975-1976 : la dure réalité

La réalité sera différente. Au lancement, le Groupement compte moins de 20 entreprises membres et nombre d'entre elles ont de la difficulté à payer leur action ordinaire à 1000 $, et ce, même en bénéficiant de 2 ans pour acquitter cet engagement. En outre, la cotisation annuelle de 100 $ n'est pas payée dans un certain nombre de cas.

Dans les faits, le centième membre ne s'inscrira qu'en avril 1976. Pourtant, il existe près de 10 000 petites et moyennes entreprises manufacturières au Québec. Pendant plusieurs années, pour maintenir la crédibilité du Groupement, ses dirigeants commettent des « mensonges pieux » sur le nombre d'adhérents : le total annoncé comprend souvent les membres potentiels, c'est-à-dire les entreprises dont le dirigeant a manifesté quelque intérêt pour le mouvement.

Au cours des 18 mois qui suivent le lancement du Groupement, Marcel J. Bundock, Pierre P. Bélanger, Douglas Sheard, Fred Devito, Gilles Lefebvre, Claude Arcand, André Bellavance et d'autres, ainsi que le directeur général et vice-président exécutif du GQE, Pierre Ménard[3], ne ménagent pas leurs efforts pour promouvoir cette compagnie à laquelle ils croient profondément. Ils répondent aux invitations des quelques membres en région qui organisent des rencontres pour faire connaître le Groupement.

Rapidement, les promoteurs ont conscience que leur association a bien peu de services à offrir à ses membres et que la raison d'être de celle-ci est relativement floue. Les rencontres qu'ils doivent faire pour dépister des membres potentiels obligent les promoteurs à mieux définir les orientations du Groupement. Aussi précisent-ils ces dernières au fur et à mesure des discussions du conseil d'administration, lequel doit prendre des décisions visant à assurer la survie de l'organisme. En mars 1975, les administrateurs conviennent de ceci : « Il est vrai que le Groupement est illimité, mais il faudra tout de même, dans un avenir rapproché, découvrir un gros vendeur comme services, sans quoi nous risquons de passer pour des rêveurs. »

L'organisme ne peut pas compter sur des subventions récurrentes, son effectif est flottant, souvent en défaut de paiement, et ses frais fixes dépassent largement ses moyens financiers. Par conséquent, au siège social de Place Québec, la gestion quotidienne de l'association est lourde pour les quelques employés « permanents », qui sont au demeurant fort dévoués au Groupement. Souvent, le président ou des administrateurs émettent des chèques tirés de leur compte bancaire personnel pour que l'association respecte ses engagements de fin de mois.

Durant la première moitié de 1975, les administrateurs se consacrent donc à la gestion courante de l'organisme, à la demande de subventions et, surtout, à l'élaboration de différentes stratégies de recrutement. Dans ce domaine, ils sont très inventifs, mais leurs scénarios donnent rarement les fruits escomptés. Par exemple, au printemps 1975, ils songent à organiser à Montréal une rencontre monstre pour faire la promotion du Groupement. L'idée est abandonnée quand ils prennent conscience de la probabilité d'échec d'un tel événement « dans une métropole où les gens d'affaires sont déjà tellement sollicités ».

On revient alors aux rencontres de petits groupes et aux rencontres individuelles pour convaincre un à un les chefs d'entreprise. On pense également à un système pyramidal dans lequel chaque membre s'engagerait à recruter annuellement un nouveau membre. On va encore plus loin en faisant accepter par les membres du CA l'idée qu'ils devront recruter chacun trois membres ou payer une amende de 600 $ s'ils n'y arrivent pas.

Au cours de la même période, les administrateurs cherchent à renouer avec le Groupement français d'entreprises. Au cours d'une visite à la Maison du Québec à Paris, Douglas Sheard apprend que l'organisme a disparu, avalé par une institution bancaire. La nouvelle sème la déception et la crainte parmi les collègues de Sheard : déception, car une bonne partie des arguments de recrutement repose sur le fait qu'un tel regroupement existe ailleurs et qu'il est utile à ses membres, et crainte, car ils croient que le Groupement québécois pourrait subir le même sort. Toutefois, sur ce point, le président Bundock est clair : « La structure actuelle du Groupement n'autorise pas une telle prise de contrôle. » En fait, l'effectif flottant et la précarité des finances du Groupement sont les deux seuls éléments pouvant conduire à sa disparition à court terme.

La tension monte durant les rencontres du conseil d'administration. Celui-ci attend une subvention du gouvernement du Québec, sans laquelle la survie du Groupement est compromise à court terme. On va jusqu'à explorer la possibilité d'une fusion avec le Centre des dirigeants d'entreprises (CDE). La réunion du 4 juin 1975 est particulièrement tendue, d'autant plus que, depuis plusieurs semaines, des représentants de l'association tentent de rencontrer sans succès le ministre St-Pierre. Les fondateurs du Groupement ont parfois l'impression qu'ils sont les seuls à croire en l'avenir de leur organisme.

Après des mois de discussions souvent pénibles et à la suite de l'intervention directe de Jacques Plourde[4] auprès du Comité du Trésor, on obtient, au cours de l'été 1975, une première subvention de 50 000 $, montant qui représente la moitié de la somme demandée. Des représentants des gouvernements du Québec et du Canada sont invités à siéger au conseil d'administration[5]. L'aide gouvernementale donne un certain répit au Groupement et celui-ci se concentre sur de nouveaux services pour ses membres. Malgré cet apport, la santé financière de l'organisme est fragile et le demeurera longtemps encore.

En août 1975, après plusieurs rencontres de consultation et avec l'accord du Comité exécutif, le directeur général, Pierre Ménard, présente au conseil d'administration un ambitieux programme pour l'année suivante. Préparé avec les permanents du siège social, ce programme vise à augmenter l'effectif à 250 membres grâce à la mise sur pied de divers attraits et incitatifs pour les chefs d'entreprise. Le budget d'exploitation pourrait ainsi plus que doubler, ce qui donnerait au Groupement la possibilité d'offrir des services attrayants aux membres. Le plan repose sur plusieurs volets : la création d'une assurance-grève pour les entreprises et d'une assurance collective pour les membres, une meilleure publicité pour les services de consultation offerts par le Groupement, la réorganisation du siège social par l'embauche d'une personne supplémentaire pour s'occuper du recrutement et la visite régulière des membres afin de dynamiser certains clubs industriels.

Déjà, après moins d'une année de fonctionnement, l'organisme compte sept clubs[6] dont cinq sont particulièrement actifs : ceux de Drummondville et de Saint-Jean et trois à Québec. Curieusement, les principaux membres fondateurs du Groupement se trouvent dans ces clubs.

Ménard propose de cibler certaines régions particulières pour implanter de nouveaux clubs industriels. Toutefois, il atténue l'importance des services de soutien et de suivi à offrir aux clubs. Jusque-là, en raison du fructueux travail de recrutement fait par Paul-Henri Fillion et Jean-Marie Langevin dans la région de Québec, on a cru que la croissance des clubs dépendait de l'offre de tels services. Toutefois, Ménard constate que, dans bon nombre de milieux, les membres ne sont aucunement intéressés par les services. Leur participation dépend uniquement de la possibilité qu'ils ont de rencontrer d'autres gens d'affaires afin d'échanger des idées et de communiquer. « Pourquoi se regrouper ? Sûrement pas pour acheter à meilleur prix de l'huile à chauffage. Les faibles économies ainsi réalisées ne valent pas les efforts déployés », estiment de nombreux membres des premières heures.

La réussite de ce plan d'affaires suppose une participation étroite et active des membres en général et des membres du conseil d'administration en particulier. Ceux-ci entérinent le projet qu'ils considèrent comme nécessaire pour soutenir les efforts incessants de recrutement.

En ce qui concerne les relations avec le gouvernement, la situation semble prometteuse. La collaboration avec les fonctionnaires du MIC provincial est de plus en plus fréquente et productive. Le président Bundock rencontre le ministre St-Pierre et les discussions sont cordiales. L'information circule plus facilement et les administrateurs du Groupement sont rapidement renseignés au sujet des possibilités de collaboration ou de financement. Ainsi, dès février 1976, Plourde fait part des intentions du MIC d'engager plus concrètement et plus directement ses délégués régionaux dans le développement économique régional. Il envisage une concertation étroite entre les délégués régionaux et les clubs industriels du Groupement déjà présents dans plusieurs régions du Québec. Cependant, les administrateurs apprendront que les délais sont souvent très longs quand on traite avec l'appareil gouvernemental. Dans les faits, le MIC est toujours attentif et sensible aux demandes du Groupement. Mais celles-ci sont souvent bloquées au Comité du Trésor, qui les qualifie de « rationalisations d'idées farfelues ».

On continue les efforts pour mettre en place le programme de Ménard. Le projet de ressources humaines et de relations ouvrières[7] se concrétise grâce à l'aide d'un consultant, Jean-Robert Gauthier. Celui-ci est autorisé à intervenir au nom du Groupement à titre de directeur des relations ouvrières. Le service est offert à tous les membres de l'association, parmi lesquels 15 s'engagent à payer mensuellement 500 $ pendant une année. Cette formule a pour but d'assurer les fonds minimaux nécessaires aux interventions de « l'équipe de consultants ».

Le projet d'assurances générales progresse également, mais les rapports sont difficiles entre les consultants et les administrateurs du Groupement. Cependant, ces derniers sont de plus en plus convaincus de la nécessité du projet pour le bénéfice des membres et du Groupement, même compte tenu des redevances qui lui seront versées sur les cotisations.

Entre-temps, une deuxième subvention de 20 000 $ est obtenue et il sera possible de recevoir une autre tranche de 30 000 $ après la présentation et l'étude d'un nouveau projet. Le Groupement renouvelle le contrat du directeur général[8] pour la période du 1er avril 1976 au 1er janvier 1978.

Le 29 avril 1976, la Fédération des caisses d'entraide économique du Québec devient le centième membre « officiel » du Groupement québécois d'entreprises. À l'Auberge des Gouverneurs du centre-ville à Québec, une petite fête souligne l'événement. Au cours de cette réunion à laquelle participe Pierre Shooner, le sous-ministre adjoint au MIC, Jacques Gagnon, président de la Fédération, reconnaît que « les routes suivies par les deux mouvements ne pouvaient que se rencontrer tôt ou tard ».

En ce qui concerne le recrutement, cependant, on doit admettre que, à moins de deux mois de l'échéance du 30 juin, les objectifs ne seront pas atteints, malgré tous les efforts du comité de recrutement.

De plus en plus de consultants offrent leurs services au Groupement. Le conseil d'administration préfère que l'on améliore les services déjà offerts plutôt que d'en proposer de nouveaux. Certaines firmes offrent jusqu'à 1000 $ par mois au Groupement pour obtenir des contrats avec ses membres. D'autres firmes suggèrent une formule de contribution basée sur le chiffre d'affaires, si cela est plus avantageux pour le Groupement que le montant forfaitaire.

En septembre 1976, une rencontre entre Pierre P. Bélanger, Pierre Ménard et Claude Ménard, du MIC fédéral, laisse entrevoir la possibilité d'une subvention de cet ordre de gouvernement. Lorsqu'il présente cette possibilité à la réunion du conseil d'administration du 14 octobre, Bélanger se rend compte que les administrateurs ne sont pas très chauds à l'idée d'accepter cette subvention de 50 000 $ puisqu'il faudrait que le Groupement investisse une somme équivalente, selon la politique du fédéral. « Irréalisable », jugent les administrateurs. Ils conviennent toutefois de conserver de bonnes relations avec le ministère.

Au cours de cette même assemblée, le directeur général annonce que l'équipe de consultants en relations ouvrières ne donne plus les services depuis le 13 septembre et qu'elle est remplacée par une autre firme. Le dossier a été confié à un avocat.

À l'assemblée générale du 4 décembre 1976, les membres actionnaires votent une résolution demandant au prochain conseil d'administration d'étudier la possibilité de créer une nouvelle catégorie de membres, les membres associés, et également la possibilité de faire payer aux membres qui bénéficient des services du Groupement une redevance sur les économies ainsi réalisées.

L'assemblée générale donne également lieu à de nombreuses discussions en raison de l'élection du Parti québécois le 15 novembre. En général, les chefs d'entreprise n'étant pas indépendantistes, l'inquiétude est palpable. De plus, dans les coulisses, certains membres commencent à penser que le Groupement québécois d'entreprises risque d'être associé au Parti québécois à cause de la similitude entre les deux noms. On craint, en outre, que les bons rapports établis avec le MIC ne se détériorent avec l'arrivée d'un nouveau ministre et d'une nouvelle équipe de sous-ministres.

La prise du pouvoir par le Parti québécois provoque des remous dans la bureaucratie gouvernementale. Durant quelques mois, le nouveau ministre du MIC, Rodrigue Tremblay, est pratiquement inaccessible. Toutefois, il est très sensible à l'importance de la PME dans le développement économique du Québec. Il fait savoir aux administrateurs du Groupement qu'il est favorable à une plus grande intervention de celui-ci sur la place publique dans les dossiers importants pour la collectivité.

Au début de l'année 1977, Rosaire Fortier, le fonctionnaire du MIC à l'origine de l'idée du Groupement, décède. Au cours de l'assemblée du conseil d'administration du 7 février, le directeur général lit le message de condoléances qui a été adressé à madame Audrey Fortier. Par une résolution unanime, le conseil d'administration nomme Rosaire Fortier membre honoraire à vie du Groupement.

## 1977 : le temps du bilan et des décisions

Les assemblées du conseil d'administration du 18 mai et du 16 juin 1977 sont cruciales pour le Groupement. C'est le temps des décisions. Pour la première fois, un bilan en profondeur est dressé et des mesures sévères sont prises pour corriger les déficits récurrents. Certains administrateurs remettent en question le fait que la mauvaise situation financière n'ait pour cause qu'un effectif insuffisant. La plupart des administrateurs sont propriétaires d'entreprises florissantes considérées comme « les meilleures PME du Québec », et pourtant ils ne parviennent pas à rentabiliser une association qui a un chiffre d'affaires de moins de 125 000 $ et qui enregistre déficit sur déficit. À la réunion du 18 mai, ils doivent approuver deux emprunts totalisant 25 000 $ pour faire face aux dépenses courantes jusqu'à la fin de l'année fiscale. Raisons du déficit : la demande de subvention de 30 000 $ n'a pas encore été acceptée et le recrutement de nouveaux membres est encore une fois en deçà des objectifs fixés. Les administrateurs conviennent que le Groupement vit grâce à « de l'argent à venir, et ce, sans comprimer les dépenses ».

Malgré tout, dans les régions, un grand nombre de membres sont prêts à tout pour sauver le Groupement. Les présidents des clubs régionaux donnent leur accord pour payer immédiatement leur cotisation de l'année suivante et recommandent que les membres remboursent une partie des honoraires de l'équipe permanente quand les services commandés excèdent un nombre d'heures standard qu'il reste à déterminer. De plus, ils acceptent de payer une cotisation plus élevée si les objectifs de départ du Groupement sont suivis, à savoir :

- S'entraider mutuellement dans l'administration et le développement des entreprises ;

- Créer une force de frappe qui appuiera et fera valoir toutes les revendications propres à aider la petite et la moyenne entreprise ;

- Affronter collectivement certains défis qui se posent à l'entreprise moderne et dynamique ;

- Accéder à de nouveaux marchés et en créer ;

- S'offrir des services et des locaux qui ne sont habituellement accessibles qu'aux groupes d'individus ou à la grande entreprise, et ce, en dépit des frais que représentent ces services ;

- Grâce au Groupement financier québécois d'entreprises inc., créer à moyen terme un agent financier puissant.

La majorité des membres confirme que le Groupement comble un besoin réel, mais qu'il ne survivra pas si tous les actionnaires ne font pas leur part. Certains administrateurs se demandent d'ailleurs si un tel groupement n'est pas contre la nature même des chefs d'entreprise préoccupés avant tout par le succès de leurs propres affaires. Pour d'autres, « cette idée folle » mérite qu'on se mobilise encore, aussi longtemps qu'il le faudra.

Cinq sujets d'étude sont proposés aux membres :

1. La situation actuelle du Groupement
   (ses points forts — s'il en existe — et ses points faibles)

2. La situation financière actuelle et une projection dans l'avenir

3. Devons-nous accepter la suggestion du ministre Tremblay et nous lancer sur la place publique comme organisme de défense des intérêts des PME ?

4. Le recrutement des membres. Doit-on ouvrir la porte à une catégorie de membres associés ? Si oui, quelles en seraient les structures et les modalités de fonctionnement ?

5. La situation du siège social à Place Québec. Le local que nous occupons actuellement est-il adéquat, compte tenu du taux de fréquentation des actionnaires et des frais qu'il engendre ?

Les réponses des membres à ces questions sont claires. L'idéologie fondamentale du Groupement, à savoir « l'entraide des membres », est essentielle et doit être mise en valeur. Dans ce contexte, l'aide au bon fonctionnement des clubs industriels doit être augmentée, ainsi que la qualité des communications entre les membres, les clubs industriels et le siège social.

Les problèmes financiers doivent être résolus notamment par des mesures à court terme : diminution de la masse salariale, sollicitation des membres pour prendre en charge certaines dépenses, nouvel emprunt bancaire... À long terme, il faut revoir les stratégies de recrutement puisque l'effectif s'établit à 115 actionnaires seulement.

En outre, les membres ne souhaitent pas que le Groupement devienne un groupe de pression. On propose plutôt de demander au Comité du patronat de s'intéresser davantage aux besoins des PME. On accepte cependant l'idée que le Groupement s'associe à différents groupes de pression existants lorsque certains dossiers importants l'exigeront.

Les actionnaires rejettent l'idée d'une nouvelle catégorie de membres. Ils préfèrent le statu quo, quitte à le remettre en question au moment d'une prochaine assemblée. Enfin, en ce qui concerne la localisation du siège social, les membres sont divisés sur la question, mais la majorité souhaite qu'il demeure dans la ville de Québec. Les administrateurs sont conscients toutefois que le bail vient à échéance à la fin de mai et qu'il faut prendre une décision imminente.

En résumé, les membres proposent aux administrateurs et aux permanents un programme revenant à l'essentiel. Toutefois, ces derniers demeurent sceptiques quant à la volonté de chacun de s'engager formellement dans la réalisation du programme.

La décision quant à la localisation du siège social est enfin prise par le conseil d'administration: le Groupement quittera ses bureaux de Place Québec pour se resituer dans un entrepôt de la rue Cormier à Drummondville, local loué au président Bundock pour la somme d'un dollar par année pendant cinq ans. On espère ainsi restreindre les problèmes financiers en réduisant les dépenses d'au moins 15 000 $. Cette décision permet également au Groupement de se rapprocher de ses membres, qui se trouvent en majeure partie dans un rayon de 150 kilomètres de Drummondville. En effet, 70 % des membres viennent de l'ouest de Drummondville, dont un fort noyau gravite autour de cette municipalité. Cependant, bon nombre des administrateurs du Groupement considèrent cette relocalisation comme temporaire et souhaitent que, à moyen terme, le siège social déménage au World Trade Center de Montréal. Le Groupement inaugure ses nouveaux locaux le lundi 19 septembre 1977.

Au cours de la réunion du conseil d'administration, le directeur général annonce qu'il s'est trouvé un poste de professeur à mi-temps à l'Université de Sherbrooke. Cette situation l'oblige à consacrer deux jours par semaine à sa nouvelle fonction; le reste du temps, il continuera à travailler pour le Groupement. Il s'agit d'une nouvelle économie de 10 000 $ par année, mais qui sera temporaire puisqu'il est acquis que le Groupement a besoin d'une direction générale à temps plein.

À la fin de 1977, le conseil d'administration décide que pour la prochaine année il assumera le recrutement des membres. Chaque membre du conseil s'engage à recruter deux nouveaux actionnaires avant le 30 juin, sans quoi ils devront payer 500 $ d'amende par personne non recrutée. Marcel J. Bundock et Gilles Lefebvre déposent chacun un chèque de 10 000 $ encaissable s'ils ne réussissent pas à recruter au moins 10 membres chacun. Cette stratégie vise à atteindre un effectif de 165 membres après 30 mois d'activité depuis la fondation du Groupement. On est toujours très loin des 600 membres annoncés au moment du lancement de l'association en novembre 1974. Le problème du recrutement semble demeurer un processus d'éternel recommencement. En effet, malgré le recrutement de nouveaux membres, il arrive souvent qu'un nombre sensiblement égal d'anciens membres démissionnent. Le président Bundock ou l'un des membres du conseil d'administration doivent d'ailleurs consacrer une partie de leur temps à tenter de convaincre les démissionnaires de revenir sur leur décision. De plus, la perte d'un membre pose le problème du remboursement de l'action ordinaire détenue par le démissionnaire. Depuis la fondation du Groupement, cette situation provoque le mécontentement, en dépit des différentes formules mises de l'avant pour remédier au problème.

Au cours de l'assemblée générale du 30 novembre, les membres acceptent que les pourparlers se poursuivent avec le Centre des dirigeants d'entreprises (CDE) quant à une fusion éventuelle, mais ils exigent qu'aucune décision ne soit prise sans que les actionnaires soient convoqués et consultés.

Pourquoi le CDE plutôt qu'une autre association ? Le CDE est l'association dont la philosophie se rapproche le plus de celle des fondateurs du Groupement. Créé en 1943, le Centre des dirigeants d'entreprises regroupe, en 1977, quelque 400 entreprises, en majorité de petits commerces. Le Groupement compte environ 125 membres, dont 75 % sont des entreprises manufacturières et 25 % des entreprises commerciales. Les deux associations sont donc complémentaires. Le CDE, qui fonctionne sensiblement sur le modèle du CJD en France — Centre des jeunes dirigeants fondé par Jean Mersh en 1938 —, propose l'intégration de l'homme dans l'entreprise par une adaptation de celle-ci aux besoins économiques et sociaux du milieu dans lequel elle exerce ses activités[9]. Dans cette perspective, le CDE cherche à promouvoir l'adoption d'une législation sociale susceptible de garantir la paix et l'accord entre patrons et ouvriers. En outre, le Centre souhaite établir des mécanismes de concertation entre l'État et les partenaires sociaux. Enfin, le CDE fait la promotion d'une conception chrétienne de la vie professionnelle. Cette vision plus « humaniste qu'affairiste » fait qu'une éventuelle fusion serait moins douloureuse pour les membres de la première heure du Groupement.

## 1978-1979 : l'accent sur la communication et la vie de club

Durant les six premiers mois de l'année 1978, la permanence reçoit le mandat d'améliorer la communication entre les membres et entre les régions. On souhaite qu'un système soit mis sur pied pour que les actionnaires se rencontrent plus souvent et qu'ils puissent approfondir leur lien. Le conseil d'administration est de plus en plus conscient que l'engagement des membres dans leur Groupement dépend d'une participation accrue des membres à la vie de leur club et de leur région. On suggère également que les responsables des clubs invitent des intervenants importants de leur milieu, comme le commissaire industriel, pour susciter des échanges d'idées avec les chefs d'entreprise. Cette stratégie d'une part aide le chef d'entreprise et d'autre part contribue à mieux faire connaître le Groupement. De plus, on souhaite que les responsables des clubs des régions participent aux réunions du conseil d'administration pour présenter les activités de leur club respectif.

En fait, les administrateurs, dont la participation au sein de leur propre club est une grande source de motivation, désirent transmettre cette approche aux autres. Ils ont constaté, en effet, que l'insatisfaction des membres est plus grande dans les clubs les moins actifs. Les membres de ces clubs ont tendance à faire appel à la permanence « afin d'en avoir pour leur argent », ce qui leur cause plus de déception encore puisque que l'offre de service y est limitée.

En raison des restrictions budgétaires, les membres du Comité exécutif multiplient leurs tâches. De plus, seule Rachel Morneau travaille à temps plein à titre de secrétaire et le directeur général se consacre à sa tâche à mi-temps. En revanche, ils bénéficient de l'aide du MIC, grâce au programme d'aide aux associations de dirigeants d'entreprises. Ainsi, Claude Desjardins assigne une personne de son ministère à la fonction de coordonnateur des clubs industriels, et un spécialiste a pour tâche de constituer un répertoire des membres.

Quelques administrateurs du Groupement suscitent un vif intérêt en proposant que les membres soient invités à se doter d'un conseil d'administration à l'intérieur de leur propre entreprise. Considérant qu'il s'agit d'une façon moderne et dynamique de briser l'isolement du dirigeant et de le soutenir dans le développement de son entreprise, ils conviennent cependant que les dirigeants des PME ont quelque apprentissage à faire pour accepter l'idée de partager avec un conseil d'administration la direction de leur entreprise.

Le 1er mars 1978, Pierre Ménard démissionne de son poste. Au mois de mai, Jean-Guy Moreau, commissaire industriel à la ville de Drummondville, est nommé directeur général et vice-président exécutif à temps plein.

La première moitié de l'année 1978 se termine par un colloque sur le financement des PME, événement tenu à Longueuil et animé par des membres du conseil d'administration. L'activité obtient un grand succès et produit un surplus de 10 000 $. Grâce à ce succès, Jean-Guy Parent, président du comité d'organisation du colloque et trésorier du Groupement, reçoit les félicitations de ses collègues du conseil. Pour ceux-ci, cela change des éternelles discussions sur les déficits.

Le président Bundock a l'intuition que le vent tourne pour le Groupement. « Serait-il possible que l'étape de la survie s'achève et qu'on en arrive enfin à bâtir quelque chose de durable et de solide ? » se demande-t-il. En effet, en dépit des difficultés, bon nombre de membres, dont Gilles Lefebvre, Claude Arcand, Marc Ruel, Jean-Guy Parent, Pierre P. Bélanger, Paul-Henri Fillion et d'autres, s'engagent de plus en plus activement dans le mouvement. Même si les problèmes financiers ne pourront être réglés avant plusieurs années, la relève existe et elle est consciente des défis à venir. Devant cette perspective encourageante, Marcel J. Bundock, après quatre ans à la présidence, annonce à l'assemblée générale du 26 novembre 1978 qu'il met fin à son mandat mais qu'il demeurera actif dans le Groupement. Déjà l'année précédente, il avait quitté son poste afin de mener à terme un important projet d'acquisition d'entreprises, mais il avait repris le service quelques mois plus tard au moment où le président remplaçant, Fred Devito, était tombé gravement malade.

Au cours de l'assemblée du 26 novembre, les actionnaires nomment leurs représentants au conseil d'administration, votent l'adoption des états financiers ainsi que certaines résolutions quant à la gestion du Groupement. L'assemblée qui fait écho au congrès annuel tenu à la même occasion et dont le thème est « Pourquoi se grouper ? » engendre deux changements importants.

Premièrement, on accepte une nouvelle catégorie de membres au sein du conseil d'administration, à savoir des postes de conseillers réservés aux présidents des clubs régionaux. On veut de la sorte répondre de plus en plus aux besoins des membres et cerner davantage les besoins des PME. Deuxièmement, le trésorier Jean-Guy Parent fait ajouter à l'ordre du jour une « période de concertation » avec les membres du Groupement. Plutôt que de s'en tenir à faire adopter par les membres différentes résolutions, Parent joue un rôle d'animateur et cherche auprès des membres des idées et des suggestions quant à l'avenir du Groupement.

Cette formule d'animation suscite davantage l'engagement des membres ordinaires envers leur association. Les membres émettent plus d'une vingtaine de suggestions, lesquelles sont soigneusement inscrites dans le rapport de l'assemblée. Plusieurs de ces idées seront reprises au cours des années suivantes. De plus, de nombreux observateurs extérieurs au Groupement se sont joints aux actionnaires au cours du congrès et de l'assemblée générale. À partir de ce moment, les organisateurs auront toujours le souci de donner une place aux invités pouvant contribuer au développement du Groupement.

Gilles Lefebvre[10] remplace Marcel J. Bundock à la présidence. Ce dernier devient président d'office. Ainsi s'établit une tradition selon laquelle le président du Groupement devient président du conseil d'administration à la fin de son dernier mandat.

Le nouveau président Lefebvre obtient beaucoup de succès grâce à ses conférences dont le thème est « Jouir en affaires ». Le conférencier attire spontanément l'attention de ses auditeurs par sa chaleur et sa présence. Sans texte pour le soutenir, il gesticule et utilise image, humour et ironie. Les journalistes comparent son style à celui du regretté Jacques Gagnon, fondateur des Caisses d'entraide économique.

Lefebvre fait la promotion du Groupement partout dans la province. Il est invité à prononcer des allocutions au cours de certains événements spéciaux, dont la conférence annuelle du Centre international de la petite entreprise qui a lieu le 24 juin 1979 à Québec. En mai 1980, il reçoit une délégation française du Centre des jeunes dirigeants (CJD) de Nantes grâce à la collaboration de Claude Desjardins, du MIC, et des finissants du MBA de l'Université de Sherbrooke.

Les années de présidence de Gilles Lefebvre sont marquées par une consolidation de l'effectif. De nouveaux services aux membres sont créés, grâce à la collaboration entre le Groupement et le MIC-Québec. Ainsi, cinq cadres sont prêtés pour une année afin de prendre en charge l'animation des clubs industriels. En 1980, on procède à l'engagement d'un directeur des communications, Benoit Paré, journaliste pigiste proche du monde des affaires. À partir de ce moment, *Entre-Nous,* le bulletin d'information destiné aux membres, paraît régulièrement et plusieurs brochures, traitant du programme d'action du Groupement

et des services offerts, sont publiées. Gilles Lefebvre s'occupe également de structurer plus efficacement les colloques et les congrès.

Les démarches entreprises au cours des années antérieures commencent à porter fruit. L'engagement de Jean-Guy Moreau à plein temps
comme directeur général et vice-président exécutif accélère l'essor du
mouvement. Néanmoins, la situation financière demeure fragile et
nécessite une vigilance de tous les instants. D'ailleurs, quand Benoit
Paré est engagé comme directeur des communications, Moreau lui
affirme sans détour qu'il a besoin de lui, mais le prévient qu'il n'a pas
de budget pour le rémunérer : Paré devra se trouver un projet qui rap-
portera l'équivalent du salaire auquel il a droit.

L'entraide des membres s'accroît par l'utilisation plus fréquente du
comité de dépannage et par des interventions plus ponctuelles dans
certains secteurs d'activité[11]. La vie de club s'intensifie. Toutefois,
Moreau constate qu'il existe une lacune importante en ce qui concerne
la formation des présidents de club. Ces gens d'affaires ont peu de
compétences en animation. Bon nombre de clubs ne répondent pas aux
besoins des membres et ceux-ci sont de plus en plus insatisfaits.

Au cours de ces deux années, l'idée d'une nouvelle catégorie de
membres fait son chemin : les actionnaires acceptent que des membres
associés soient recrutés, à l'exception des firmes de consultants
privés[12]. Le MIC-Canada s'intéresse de plus en plus au Groupement et
y délègue Paul Théberge[13] à titre d'observateur. En outre, un nombre
croissant de gens assistent aux congrès et colloques afin de connaître le
Groupement.

Les administrateurs du Groupement accordent une attention particulière aux membres qui reçoivent des honneurs dans leur milieu.

Ainsi, en 1979, lorsque Laval Fortin d'Alma est nommé l'homme d'affaires de l'année au Lac-Saint-Jean, non seulement ils s'empressent de voter une résolution de félicitations, mais ils prennent aussi le temps de raconter la petite histoire de cet homme. En 1974, Laval Fortin partait une fois par mois d'Alma pour Drummondville, Québec ou ailleurs afin de discuter de la fondation du Groupement. Par la suite, il devint administrateur de la compagnie. Il confia un jour à ses collègues qui s'étonnaient d'un engagement si profond envers le Groupement qu'il le faisait « parce que cela lui faisait du bien ».

Laval Fortin, appuyé par quelques autres membres fondateurs, a compris qu'on ne vient pas au Groupement pour faire des affaires, mais « pour parler d'affaires et pour discuter de ses propres affaires, tant personnelles que professionnelles ». Il expliquait que les échanges entre chefs d'entreprise vivant les mêmes problèmes et la même solitude l'aidaient à mieux gérer sa propre entreprise. Depuis le début du Groupement, Laval Fortin a saisi que le partage des compétences et des préoccupations est une clé essentielle pour la formation des chefs d'entreprise.

## Fin de la décennie :
## les préoccupations du chef d'entreprise changent

Les préoccupations du chef d'entreprise à la fin de la décennie 1970 sont multiples. Il va de soi que la perspective d'un référendum sur l'accession du Québec à l'indépendance le préoccupe. Le Groupement n'étant pas un groupe de pression, il ne cherche pas à se prononcer sur le sujet au nom de ses membres. Cependant, le président Bundock est invité dans nombre de tribunes à faire part de son opinion et de son analyse personnelle. L'une de ses conférences donnée au cours d'un colloque des Hautes Études commerciales et largement diffusée dans tout le pays suscite des réactions positives dans les milieux fédéralistes. S'appuyant notamment sur un sondage interne du Groupement, il confirme qu'il existe un sentiment d'insécurité chez les chefs d'entreprise. Lorsque les journalistes lui font remarquer qu'il est paradoxal que les statistiques démontrent que ce sont les PME qui ont le plus injecté de capitaux dans l'économie québécoise au cours de l'année 1977, il explique que, selon lui, cette situation est le fait d'un rattrapage par rapport aux années antérieures et que ce progrès risque de ne pas continuer au cours des années suivantes.

Durant toute la décennie des années 70, le chef d'entreprise est particulièrement préoccupé par les relations ouvrières. Les rapports entre employés et employeurs changent et donnent souvent lieu à des affrontements. Les entreprises étant habituellement de type familial ou à propriétaire unique, leurs dirigeants ne savent pas comment traiter le phénomène croissant de la revendication. Au Québec, la mentalité paternaliste du chef d'entreprise est encore présente. Ce dernier s'attend de la part de ses employés à la reconnaissance plutôt qu'à la contestation et il ne comprend pas la montée de l'insatisfaction à l'égard des conditions de travail. De plus, il se sent impuissant au moment de négocier avec des employés représentés par de puissantes organisations syndicales qui bénéficient des services de conseillers et de juristes.

En outre, les politiques sociales-démocrates du gouvernement de René Lévesque ne plaisent généralement pas aux chefs d'entreprise, notamment celles qui concernent les conditions de travail, la loi antibriseurs de grève et celles qui alourdissent les charges sociales de l'entreprise. Pierre-Marc Johnson, le ministre du Travail, n'est certes pas le ministre préféré des gens d'affaires. Néanmoins, ce gouvernement propose diverses mesures économiques[14] permettant d'ouvrir le capital des petites et moyennes entreprises à leurs employés. Cette perspective attire les chefs d'entreprise, mais suscite également de la réticence, car cette nouvelle vision du financement entraîne des exigences différentes, notamment sur le plan de la transparence comptable. L'éducation économique des employeurs et des employés reste à faire.

Le financement de l'entreprise est aussi une préoccupation constante pour les gens d'affaires. Même si de nombreux agents socio-économiques voient les PME comme la véritable source de la croissance du pays, les institutions de financement sont réticentes à investir dans ces entreprises. Elles ne connaissent pas les besoins et la mentalité des propriétaires de PME. Bien qu'elles prétendent que l'argent est accessible, elles affirment du même souffle qu'il existe « bien peu d'entreprises ayant un projet suffisamment sérieux pour justifier de prendre un risque ». Maintes fois, pour assurer la croissance de son entreprise[15], le propriétaire doit se porter garant personnellement des emprunts de celle-ci. À la moindre difficulté, le chef d'entreprise se retrouve sur la corde raide. Souvent, les tensions psychologiques qu'il vit sont telles qu'elles affectent autant sa vie professionnelle que personnelle et provoquent des problèmes de rendement dans son entreprise. Le propriétaire d'une petite entreprise n'a généralement personne pour le seconder ou pour le conseiller. Il n'a habituellement pas la distance critique nécessaire pour prendre des décisions au cours de périodes difficiles. La survie de son entreprise est si importante pour lui que, lorsqu'il peut obtenir du financement lui « permettant de demeurer en affaires », il s'engage souvent sans analyser adéquatement la situation et les conséquences possibles.

Dans ce nouveau contexte social, le chef d'entreprise a besoin d'être valorisé sur le plan humain. Jusqu'au début des années 70, il est souvent perçu comme une personne importante, particulièrement dans les régions éloignées de la métropole. Le chef d'entreprise se dit dédié aux affaires, n'a pas peur de mettre la main à la pâte, se sent comme le chef d'orchestre qui voit à tout, se sait plutôt conservateur et se montre peu enclin à « ouvrir ses livres », notamment à ses employés. Au cours des années 70, l'image du chef d'entreprise se détériore : il est considéré par les autres comme « un capitaliste véreux » qui exploite ses employés à son profit. À tort ou à raison, cette perception gagne du terrain et cause des ennuis à bien des gens d'affaires qui s'investissent totalement dans leur entreprise pour en assurer la survie et le développement. Pour nombre d'entre eux, le bonheur et le plaisir d'entreprendre sont minés par l'image qu'a d'eux le grand public.

## Chapitre 2

# Quand on trouve sa voie

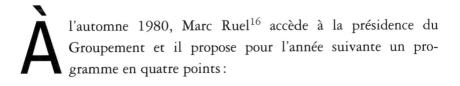 l'automne 1980, Marc Ruel[16] accède à la présidence du Groupement et il propose pour l'année suivante un programme en quatre points :

1. Relancer l'idée d'un soutien financier[17] propre au Groupement, « une espèce de Power Corp. de la PME qui verra à acheter certaines entreprises florissantes dans le but de les sauvegarder plutôt que de les voir passer sous le contrôle de financiers étrangers ».

2. Concrétiser et populariser la formation de conseils d'administration ou de conseils consultatifs dans les petites et les moyennes entreprises.

3.  Examiner la possibilité de mettre en place une structure régionale de permanents — un par région — pour assurer la bonne marche des clubs et maximiser leur utilité aux membres.

4.  Donner un nouvel essor à une jeune filiale du Groupement, Export-Québec[18].

En novembre 1980, le Groupement compte 374 membres répartis en 35 clubs régionaux plus ou moins actifs. Au cours des deux années suivantes, la forte récession économique les préoccupera, car ils sont directement touchés par les taux d'intérêt fortement à la hausse et par la morosité générale de l'économie occidentale. De plus, le gouvernement vit une crise budgétaire lourde de conséquences à la fois pour ses propres employés et pour les citoyens.

Rodrigue Biron est ministre de l'Industrie et du Commerce dans le gouvernement péquiste réélu en 1981, malgré la défaite référendaire de mai 1980. Le ministre Biron se souvient encore d'une économie moribonde dans laquelle le gouvernement se devait d'intervenir puisque, selon les prévisions des spécialistes, au moins 50 % des entreprises risquaient de fermer leurs portes si l'on attendait que la crise se résorbe d'elle-même.

> [...] je me suis trouvé, en pleine crise, dans une situation difficile. Je devais trouver, très vite, avec l'aide de mes collègues, des solutions pratiques pour aider les entreprises, les aider à surnager et, dans d'autres cas, à émerger. On se rappelle le marasme après la période du référendum. Tout était gris. Rares étaient ceux qui débordaient d'optimisme. Les hommes d'affaires subissaient l'état de crise et nous sentions tous,

confusément, que le rail de l'économie était très près du précipice. Pour ajouter à cette grisaille, la méfiance régnait envers l'appareil gouvernemental et ceux qui menaient le char de l'État[19].

Rapidement, le ministre propose l'adoption d'une stratégie d'urgence[20] connue sous le nom de « plan Biron I », suivie du plan II et de Corvée-Habitation. Les chefs d'entreprise reconnaissent que le ministre est un allié des petites et moyennes entreprises. Le ministre Jacques Parizeau complète ces plans par la mise en place de la formule du régime d'épargne-actions (REA), qui permettra aux plus grandes entreprises d'obtenir du capital hors des exigences et des circuits habituels. Dans le monde des affaires, les avis sont partagés quant à l'admissibilité des petites entreprises à ce programme. Pour les uns, ces dernières présentent trop de risques pour les petits épargnants ; pour les autres, elles devraient être admissibles pourvu que les règles d'acceptation soient rigoureuses et qu'elles respectent les exigences boursières.

Dans sa version préliminaire, le régime d'épargne-actions[21] suppose qu'il y a un syndicat dans l'entreprise ou tout au moins un comité qui a accès aux livres au nom des employés-actionnaires. Dans différentes entrevues, Marc Ruel affirme que « les patrons refusent aux syndicats l'accès à leurs livres ». Le plan lui paraît donc irréaliste, étant donné que la mentalité du chef d'entreprise ne peut changer du jour au lendemain. Toutefois, malgré les divergences d'opinions sur certains aspects des politiques du ministre Biron, on considère celui-ci comme « un ami du Groupement » et on l'invite même à prendre la parole à l'ouverture du congrès de novembre 1981.

Le Groupement aide également ses membres à traverser la crise aussi profonde qu'inattendue. Les thèmes des colloques[22] reflètent les préoccupations des chefs d'entreprise : «Dans les années 80... vos produits seront-ils compétitifs ? », « De nouvelles possibilités de financement pour la PME », «PME : À chacun sa part du milliard», « $urvivre $an$ y lai$$er $a chemi$e », « Comment agir face à la crise (récession économique) ? » Ces thèmes démontrent que les préoccupations financières dominent chez les dirigeants de PME. À l'automne 1983, cependant, le ton commencera à changer, au moment d'un colloque sur le marketing, ouvrant ainsi une nouvelle ère dans le monde des affaires.

## La promotion de conseils d'administration

Dès le début de la présidence de Marc Ruel, la sensibilisation à la mise sur pied de conseils d'administration prend une importance accrue au Groupement. Avec les années, une véritable expertise s'est développée et adaptée au contexte particulier des petites et moyennes entreprises. À la fin de son mandat à l'automne, Ruel décide de prendre une année sabbatique et offre gratuitement son temps au Groupement pour contribuer à la formation de conseils d'administration dans les PME. À la fin de ce congé, Marc Ruel vend son entreprise, pourtant florissante. Se trouvant beaucoup trop jeune pour prendre sa retraite, il se consacre désormais à sa nouvelle passion en mettant sur pied des conseils d'administration un peu partout dans la province et en y participant comme conseiller. En février 1983, Ghislain Théberge, sous-ministre adjoint au MIC, soutient cette action en libérant Jacques Plourde pour qu'il puisse travailler à ce dossier.

L'expertise du Groupement se consolide grâce à l'expérience de quelques membres et à la contribution de différents experts. Dès 1978, le Groupement commence à faire la promotion de conseils d'administration adaptés à la PME. Outre le club régional, le conseil d'administration devient un outil supplémentaire pour que le dirigeant d'une PME se sente « moins seul à la barre ». Autrement dit, les promoteurs de conseils d'administration dans les PME doivent vendre l'idée qu'il est préférable de diriger en équipe plutôt qu'en solitaire. Prêchant par l'exemple, le Groupement encourage la présence d'autres chefs d'entreprise au sein de son propre bureau de direction, « comme une extension naturelle de ce que le club régional procurait déjà à chacun ». Le club régional est un lieu d'échange et de partage de compétences, mais il est aussi une expérience de groupe unique. En ce sens, il aide à intégrer un conseil d'administration dans une entreprise, conseil qui constitue une direction d'équipe consultative ou décisionnelle. Certains membres du Groupement utilisent les mêmes stratégies d'animation dont ils se servent dans leur club pour amorcer la réflexion dans leur propre entreprise. Ils doivent apprendre à animer un groupe en lui faisant partager un idéal et un projet d'entreprise tout en valorisant et en mobilisant chacun des membres du conseil d'administration ou du comité consultatif.

De 1980 à 1986, l'expertise du Groupement permet de définir avec précision la vocation du conseil d'administration et de convaincre les chefs de PME qu'un tel conseil respecte ses aspirations et ses besoins. Le conseil d'administration est désormais vu comme un groupe de conseillers qui ne soustrait nullement le dirigeant à sa responsabilité de prendre les décisions nécessaires au bon fonctionnement de son entreprise. Tous ceux qui expérimentent cette formule doivent accepter que « des étrangers viennent se mêler de leurs affaires ». En revanche, la présence de personnes extérieures à l'entreprise, grâce à leur façon différente de voir et de comprendre les défis et les problèmes, favorise des décisions plus éclairées.

En 1987, le Groupement publie un livre pour partager l'expérience de ses membres avec les autres chefs de PME. Ce livre, qui connaît un grand succès, montre la possibilité d'un juste équilibre entre les dimensions techniques et humaines de la mise en œuvre du conseil d'administration[23].

## Les besoins des clubs

À la fin de son mandat à l'automne 1981, Marc Ruel est remplacé par Claude Arcand, originaire d'Amos en Abitibi. Membre du Groupement depuis 1975, Arcand a longtemps été le seul de sa région à participer au développement du Groupement, remettant souvent en question les normes de celui-ci quand elles devaient s'appliquer de la même manière à Amos qu'à Drummondville. Il faisait valoir que « les petits clubs en régions éloignées ont eux aussi droit de vie même s'il est difficile de former des groupes de 15 entrepreneurs manufacturiers ». Au cours de son mandat, il souhaite dynamiser les clubs, notamment « la dizaine de clubs qui présentent toujours des difficultés de fonctionnement et d'animation ».

Au plus fort de la crise économique, Arcand assiste à une profonde remise en question de la part des entrepreneurs et au sein des entreprises, « probablement la première depuis la récession des années 30 ». Depuis toujours, le président Arcand a la conviction que l'entrepreneur doit mettre l'accent sur le plan humain tant dans sa vie personnelle que dans ses rapports avec ses employés. Durant son année de présidence, il s'efforce de faire partager cette conviction aux autres membres.

Le colloque du 16 septembre 1982 à Dorval sous le thème « Comment agir face à la crise économique ? » est organisé sous cette optique. Au cours de l'événement, 10 conférenciers font part de leurs stratégies concrètes. Bernard Lemaire, président de Cascades et membre du Groupement depuis décembre 1975, est écouté très attentivement quand il déclare que le respect des employés est à la base de sa conception des affaires. Le Groupement est fier des frères Lemaire, qui ont fait de Cascades[24] « une très très grosse PME » dont la croissance des bénéfices s'est maintenue au-dessus de 35 % au cours des 5 dernières années. Quelques semaines plus tard, Bernard Lemaire annonce que, dès le début de novembre, sa société sera admissible au régime d'épargne-actions et qu'elle fera tout son possible pour que ses employés investissent « lucidement » dans le capital de l'entreprise. Pour lui, cet outil supplémentaire favorisera le sentiment d'appartenance et créera une nouvelle solidarité dans la compagnie. Pour la majorité des chefs d'entreprise, la vision de Lemaire est intéressante, bien qu'elle les bouscule dans leurs propres convictions.

Le congrès d'orientation de 1982 a pour thème « Le temps de s'unir », et les 368 participants y font ressortir deux points essentiels pour l'avenir de leur compagnie. Premièrement, le Groupement doit devenir davantage le véhicule des besoins de la PME dans l'opinion publique. Deuxièmement, il est nécessaire d'assurer convenablement l'animation et le fonctionnement des clubs. Le nouveau président, Marius Robitaille[25], fait siennes les attentes des membres.

Benoit Paré, le directeur des communications, reçoit le mandat de présenter un projet de programme de communication et de relations publiques. Le programme est basé sur des interventions qui doivent s'inspirer de trois objectifs :

1.   Faire connaître davantage les points de vue des dirigeants de PME.

2.   Valoriser l'image du dirigeant.

3.   Renseigner les chefs d'entreprise sur les objectifs
du Groupement.

Rapidement, le directeur des communications présente un programme de communication qui vise à rejoindre efficacement les membres et élabore une stratégie de relations publiques dont le principe est
« de s'assurer que ce que l'on dit soit compatible avec ce que l'on est et
ce que l'on fait ». Devant l'opinion publique, le Groupement n'adop-
tera pas le « ton » d'un organisme de pression (agressivité ou dénon-
ciation), mais privilégiera un esprit de coopération tout en personna-
lisant ses interventions et en misant sur l'apport des clubs régionaux.

Au cours de la même période, le directeur général Jean-Guy Moreau
songe à affecter un permanent au développement et à la santé des
clubs, tandis que le comité de travail des présidents de club examine
la possibilité de procéder à une étude sur les besoins des clubs.

La permanence du Groupement accepte la proposition d'un étudiant
au MBA à l'Université de Sherbrooke, Raymond Touchette, de mener
une telle étude auprès des membres, au cours de l'été. Jacques Gauvin
et Jean-Guy Laroche[26] exposent les principaux résultats de l'étude au
conseil d'administration le 21 septembre 1983 à Dorval.

Outre que l'étude dresse un bilan de toutes les activités de la compagnie, elle démontre que le club est l'activité du GQE qui suscite le
plus d'intérêt chez la majorité des membres (97 %), lesquels réaffir-
ment ainsi l'intuition des fondateurs de l'association. Les membres
confirment que les clubs constituent l'assise fondamentale du
Groupement et le lieu privilégié pour qu'il réalise sa mission, soit la

formation humaine et technique du dirigeant d'entreprise. De plus, les membres continuent à soutenir que l'appartenance première d'un membre est à son club : « C'est donc par le club qu'il faut chercher à améliorer l'appartenance du membre au Groupement. »

« On cherchait des projets matérialistes alors que nous avions l'essentiel à portée de la main : la dimension humaine par le club. Nous avons tant cherché alors que l'essentiel était tout près », mentionne Marc Ruel lorsqu'il prend connaissance des résultats de l'étude. Pour concrétiser cette orientation, on engage Pierre Beaulieu[27] à titre de directeur des services aux clubs.

« Cette orientation fut un moment crucial pour l'avenir du Groupement », estiment encore aujourd'hui nombre de membres du conseil d'administration de l'époque. Le lendemain de la réunion du conseil à Dorval, un colloque sur le marketing atteint une participation record de 360 participants.

**Chapitre 3**

# L'affirmation
# et la reconnaissance

Marius Robitaille et les deux présidents qui le suivent visent les mêmes objectifs. Tous trois préconisent une plus grande affirmation de l'entrepreneur dans la collectivité et une plus grande reconnaissance de celui-ci par les différents groupes de la société.

De 1982 à 1986, les présidents du Groupement font la promotion de l'entrepreneurship et nouent des liens avec d'autres partenaires. Marius Robitaille travaille à l'amélioration des programmes de soutien à la PME et à la consolidation de la concertation entre les trois principaux intervenants de la société (entreprises, syndicats et gouvernements). Le président Paul-Henri Fillion[28] s'efforce d'éveiller la fierté de l'entrepreneur en lui proposant de prendre toute sa place dans la société, et enfin le président Richard Bourbeau[29] multiplie les interventions auprès des gouvernements, notamment au fédéral, afin qu'ils soient plus attentifs aux besoins des PME.

Au cours de ces années, le Groupement entre dans une période de visibilité accrue : multiplication des rencontres avec des ministres et des sous-ministres, participation à des sommets économiques et à des missions à l'étranger, et participation à l'élaboration des programmes d'aide à la PME. Partout les intervenants du Groupement insistent sur le rôle bénéfique du dirigeant de PME dans la société.

Le contexte social et économique est propice à ce type de message. À la suite de la violente crise économique des premières années de la décennie 80, un phénomène nouveau se manifeste partout en Occident : d'exploiteur, le patron devient le nouveau héros de l'économie. Articles, livres et émissions de télévision parleront de ces modèles quelquefois considérés comme « les nouveaux messies occidentaux qui réussiront à améliorer les conditions de vie de tous ».

Toutefois, malgré ce changement dans la perception publique des gens d'affaires, ceux-ci ne sentent pas qu'ils reçoivent un juste traitement, particulièrement en raison des politiques gouvernementales fondées sur « des mesures socialisantes ». De plus en plus, les dirigeants des petites, des moyennes et même des grandes entreprises revendiquent la réduction « des irritants de toute nature qui minent les possibilités de faire librement des affaires ». De plus, dans cette première moitié des années 80, les valeurs de performance et d'excellence[30] constituent le discours dominant[31], tandis que les valeurs de productivité et de compétitivité commenceront à poindre dans la deuxième moitié de la décennie.

Le Groupement ne rejette pas les valeurs qui dominent la société des années 80, mais il insiste encore sur la nécessité que les dirigeants soient avant tout des humanistes conscients de ce qu'ils sont et de ce qu'ils doivent faire pour les autres.

En avril 1986, un exposé de Bernard Lemaire suscite des réactions enthousiastes parmi les membres du Groupement. Le conférencier présente les six principes qui le guident dans la gestion de Cascades, principes largement inspirés par la valeur du respect[32] envers tous :

1. Dire la vérité aux employés, sans cachette, et en tout temps.

2. Informer les employés de tout ce qui les concerne en les associant au développement de l'entreprise et aux profits.

3. Vivre le plus près possible des employés, en utilisant toutes les occasions de contacts et d'encouragements.

4. Consulter les employés sur tous les changements qui les concernent.

5. Faire en sorte que l'employé donne le meilleur de lui-même en l'affectant dans un secteur où il aime travailler plutôt qu'en lui demandant d'accomplir un travail qu'il n'aime pas.

Dans la même veine, 500 participants s'inscrivent au colloque de septembre 1986 sur le partage des profits avec les employés. Le clou de la réunion est l'étude du cas Cascades présentée par Alain Lemaire, accompagné d'un cadre de l'entreprise, Richard Fortier, et d'un employé, Gérald Nolin, qui «a pratiquement volé la vedette à son patron». Au cours de cet événement, de nombreux membres du

Groupement affirment que la mentalité des dirigeants a changé depuis une décennie et que de cachottiers ils sont devenus des innovateurs réceptifs à de nouvelles pratiques d'affaires. Les membres du Groupement expriment désormais leur préférence pour une participation accrue des employés à la vie de l'entreprise.

Les chefs d'entreprise notent que les mentalités changent également parmi les employés, notamment depuis que la FTQ a mis en place un fonds de solidarité visant à créer ou à maintenir des emplois. « À quand un équivalent provenant des chefs d'entreprise ? » se demandent certains qui se souviennent du projet de création d'un soutien financier par le Groupement, lequel n'a jamais vraiment fonctionné.

Les valeurs d'entraide, de partage, de participation et de solidarité seraient-elles en train d'inspirer le quotidien des entreprises ?

## La formation

Toujours sous la direction de Jean-Guy Moreau, l'équipe des permanents met au point des services afin de répondre aux besoins exprimés par les membres et par le conseil d'administration. Souvent, les présidents rendent publiquement hommage à « cette équipe d'employés dynamiques et dédiés à la mission du Groupement ».

En ce qui concerne les services aux clubs régionaux, Pierre Beaulieu et ses collaborateurs se rendent fréquemment en région pour soutenir l'émergence de nouveaux clubs et pour enseigner les meilleures manières de procéder dans les clubs existants. Pour Beaulieu et ses collaborateurs, le partage des compétences est mutuel : le Groupement doit fournir de l'expertise aux clubs, mais ceux-ci partagent également la leur avec le Groupement, lequel voit à sa diffusion par la publication de petits guides destinés à tous les membres. À la fin du deuxième mandat de Richard Bourbeau, on est en mesure de fournir un outil pour cerner l'état de santé d'un club. Chaque club passe par quatre étapes[33] « avant de pouvoir vivre et faire vivre pleinement à ses membres la mission du GQE ».

Dès le début des années 80, le directeur général songe à instaurer un service de formation propre au Groupement. En 1983 et en 1984, sous la supervision de Françoise Lemay-Moreau, des activités de formation sont offertes aux conjointes des membres pendant les colloques et les congrès. En mai 1983, on ajoute à la liste des services proposés aux membres la formation personnelle en communication et relations humaines sous la responsabilité directe du directeur général. En mars 1985, un premier atelier de formation à l'animation est donné à quelques présidents de club. À partir de ce moment, le bulletin *Entre-Nous* annonce régulièrement des activités de formation destinées aux membres et même à des gestionnaires qui évoluent dans d'autres secteurs d'activité. D'ailleurs, le MIC-Québec envoie des participants à différentes séances de formation et contribue ainsi indirectement au financement du service de formation du Groupement.

Deux ateliers deviennent populaires du fait que, selon l'évaluation des participants, ils répondent directement aux besoins des chefs d'entreprise. Il s'agit de « Ma vie d'entreprise » et de « Mes responsabilités humaines de dirigeant et/ou cadre d'entreprise ». Ces séminaires de formation d'une durée habituelle de six jours ont été élaborés par la Fondation PRH (Personnalité et Relations humaines[34]), dont le siège social est à Poitiers en France. André Rochais, un pédagogue, est le fondateur et le concepteur principal de ce modèle de développement humain qui suscite enthousiasme chez les uns et scepticisme, voire méfiance, chez les autres.

À la fin des années 70, se sachant atteint d'une grave maladie, Rochais entreprend d'assurer la pérennité à son mouvement qu'il veut avant tout international. Il est fort bien accueilli au Québec. Le directeur général du Groupement, Jean-Guy Moreau, et beaucoup de permanents sont d'autant plus sensibles à l'approche de Rochais qu'elle valorise la dimension humaine de la croissance du chef d'entreprise, ce qui est compatible avec la mission du Groupement.

Pour avoir le droit d'enseigner la formation PRH, il faut obtenir l'autorisation de la Fondation de Rochais et devenir un animateur accrédité par celle-ci. Moreau et sa conjointe Françoise suivent donc la formation exigée par la Fondation.

Au cours de la même période, le service Recherche et Développement du Groupement prend de l'expansion. Dès 1983, deux ingénieurs en R-D, évoluant dans les bureaux du Centre d'innovation industrielle de Montréal (CIIM), offrent des services aux membres qui ont des problèmes d'ordre technologique, qui veulent obtenir de l'information sur les programmes d'aide en recherche ou qui souhaitent mettre sur pied une division de recherche dans leur entreprise. Pour au moins une année, les services des ingénieurs Marcel Dubé et Paul-André Proulx sont gratuits grâce à l'appui du CIIM et du Conseil national de recherche du Canada (CNRC). Dans les mois suivants, les deux ingénieurs industriels sont assistés par une équipe de trois personnes : un analyste de la valeur, un agent de recherche et un agent d'information. En 1985, deux subventions importantes assurent la gratuité totale du service Recherche et Développement pour au moins trois autres années. Le Groupement conclut une entente avec le CNRC et le ministère de la Science et de la Technologie du Québec, entente qui permet de rémunérer trois ingénieurs à temps plein.

Également en 1983, un service d'aide à l'entreprise est offert sous la responsabilité de Jean-Claude Couture qu'on présente dans la publicité du Groupement comme « l'un des meilleurs dans les systèmes de contrôle d'entreprises ». Par la suite, Couture deviendra directeur administratif et le restera jusqu'en 1988, remplacé, alors, par Paul Comeau, employé de l'association depuis sa sortie de l'université en 1983.

Par ailleurs, toujours sous la responsabilité de Marc Pelletier, le service d'aide à l'exportation maintient son offre de service aux membres. D'un commun accord, le Groupement et Pelletier mettent fin à leur entente après cinq ans. En effet, en 1986, Pelletier souhaite étendre sa clientèle tout en demeurant « un partenaire de confiance » du Groupement.

Le Groupement demeure fier des succès ou « des bons coups » de ses membres. Lorsque Paul-Henri Fillion, Marcel J. Bundock, Richard Bourbeau, Jean-Guy Parent accèdent à des fonctions importantes[35] dans le monde des affaires ou en politique, ou lorsque Bernard Lemaire, Serge Racine[36], Placide Poulin, Fernand Bernard[37], Charles Sirois[38] ou Euclide Asselin[39] obtiennent des prix prestigieux confirmant leur apport au développement économique, le directeur des communications se fait un devoir d'en informer les membres et de rappeler la contribution de ces personnes au Groupement. De même, il remercie les fonctionnaires prêtés par les différents ministres lorsqu'ils retournent à leur fonction ou quand ils acceptent des promotions.

De plus, au cours des colloques et des congrès, il est fréquent qu'on rappelle la contribution essentielle des « amis fidèles » et des habitués du Groupement, dont Jacques Plourde, Ghislain Théberge et Yves Rancourt[40].

## Le bilan de la situation en 1986

En 1986, une analyse de l'état de l'effectif des membres a montré que, entre 1974 et 1981, le Groupement a perdu 40 % de celui-ci, c'est-à-dire qu'un nouveau membre quittait le mouvement moins de trois ans après y avoir adhéré. Entre 1981 et 1986, cette proportion est tombée à 4 %, seulement 8 membres ayant démissionné pour 200 nouveaux membres. Quarante-deux clubs sont actifs et comptent au total plus de 400 membres.

La permanence du Groupement offre de plus en plus de services depuis quelques années :

- Les programmes d'assurance collective et d'assurance responsabilité pour administrateurs et dirigeants

- L'assistance à l'exportation

- Le soutien à la formation de conseils d'administration

- L'aide comptable à l'entreprise

- Les conseils en recherche-développement

- Le programme de communication et de relations publiques

- L'aide à la formation et au développement des clubs

En 1986, les administrateurs du Groupement constatent qu'il serait « dangereux de continuer à s'étendre au même rythme ». Ils estiment important de mettre « la pédale douce dans la création de nouveaux services afin de solidifier ceux qui existent déjà en leur donnant plus de profondeur ».

Par ailleurs, d'autres questions se posent fréquemment à la permanence et au conseil d'administration, même si le temps manque pour y répondre adéquatement. En janvier 1986, le président Bourbeau précise ces points qui mériteraient une attention particulière :

1.   Comment intégrer les « partisans[41] » du Groupement qui, sans en faire partie, souhaitent participer au dynamisme et à la vie de celui-ci ?

2.   Comment aborder une orientation internationale, dont l'importance se manifeste de plus en plus, compte tenu du fait que le Groupement suscite beaucoup d'intérêt dans différents pays ?

3.   Comment le Groupement peut-il contribuer à faire avancer des causes fort louables, mais qui ne sont pas incluses dans sa mission, comme la promotion des jeunes entrepreneurs, l'intégration des finissants universitaires et la relève dans la PME ?

Au milieu des années 80, la préoccupation pour l'entrepreneurship féminin prend également de l'ampleur. Au MIC-Québec, Gisèle Desrochers assume la direction d'un service dont la mission est d'encourager et d'aider les femmes à créer leur entreprise en les conseillant et en les formant.

En 1984, pour la première fois une femme est élue au conseil d'administration du Groupement[42] tout en étant présidente du club de

Granby. Colette Gagnon est présidente et propriétaire avec son conjoint Claude Dechenault de la compagnie Produits chimiques Shefford, spécialisée dans la préparation de composés de base chimiques industriels. Si les femmes sont peu nombreuses au Groupement[43], c'est que les propriétaires dirigeantes féminines d'entreprises manufacturières se comptent sur les doigts de la main au Québec dans les années 70 et 80.

# Chapitre 4

# Entre l'expansion
# et la prudence

Dès le début de la seconde moitié de la décennie 80, un vent d'expansion sans précédent souffle sur les entreprises stimulées par 3 années de croissance économique continue de plus de 3 %. En outre, les chefs d'entreprise s'attendent à une forte augmentation des possibilités d'exportation lorsque le traité de libre-échange avec les États-Unis sera adopté. Les gouvernements créent des ministères spécialement consacrés à la PME et tous les organismes de soutien aux entreprises prévoient des programmes visant à accélérer le développement de celles-ci, notamment dans les secteurs de haute technologie.

Ce vent d'expansion et de diversification n'épargne pas les membres du Groupement qui envisagent des acquisitions d'entreprise à l'étranger, l'agrandissement de leurs locaux et des investissements importants dans le renouvellement de leurs outils de production. Tous les mois, le journal des membres annonce des projets d'envergure menés par ceux-ci au pays et à l'étranger.

Les thèmes des colloques témoignent des préoccupations de cette période : gestion de la qualité, planification stratégique, fusion et acquisition d'entreprises, exportation aux États-Unis, etc.

De façon générale, le monde des affaires est optimiste. Depuis quelques années, les chefs d'entreprise se sentent valorisés dans leur image du fait qu'on reconnaît leur contribution à la société. Ils ont de nouveau le feu sacré et se sentent, pour la plupart, investis d'une nouvelle mission. On parle du « guerrier de l'émergence », du « guerrier du troisième type » ou du « guerrier nouveau » pour désigner la nouvelle vague d'entrepreneurs « qui déferleront partout dans le monde » avec une mentalité de conquérants toujours « en quête de l'excellence personnelle ».

En novembre 1986, Jacques Gauvin remplace Richard Bourbeau à la présidence au cours d'un congrès consacré à la relève dans la PME. Le nouveau président est avant tout un homme de club, comme il l'affirme lui-même dans ses premières déclarations. Le club est à ses yeux le lieu privilégié du témoignage, de l'entraide et du partage des compétences. Fort de ces convictions, le président aborde son mandat en manifestant sa volonté de valoriser » cette nourriture mensuelle » qu'est le club régional et en expliquant aux membres comment ils peuvent en profiter au maximum.

Depuis ses débuts, le Groupement a compris la force et la valeur du témoignage des pairs. À tous les colloques et à tous les congrès, des membres sont invités à raconter leur expérience personnelle et professionnelle. Après de multiples expérimentations, le Groupement a inventé une formule raffinée associant le témoignage des membres et l'apport des experts.

## Les congrès

Au congrès de 1986 sur la relève dans la PME, les témoignages touchent une corde sensible chez tout propriétaire d'entreprise : celle-ci lui survivra-t-elle ou, plus simplement, quelqu'un la prendra-t-il en charge quand il décidera de partir ? Les membres qui témoignent de leur expérience à ce sujet ont « des propos d'une rare intensité et d'une rare sincérité ». Au cours de cette activité, des conférenciers membres proviennent de Baie-Comeau et plus particulièrement de deux entreprises familiales : Rocmer, de la famille de Gaston Bélanger, et Industries G.L.M., de la famille de Marius Robitaille, ancien président du Groupement. Dans un style direct et simple, Ginette Saint-Laurent, conjointe de Gaston Bélanger, et Sylvie Robitaille, fille de Marius, expliquent comment elles ont pris de plus en plus de place dans l'entreprise, la première en devenant collaboratrice de son conjoint et la deuxième en remplaçant progressivement son père. Dans un témoignage vibrant, elles expliquent les joies et les difficultés qu'elles ont vécues.

Dans la même veine, Rita Pâquet de Louiseville a droit à une ovation après avoir décrit toutes les étapes et toutes les situations complexes qu'elle a eu à surmonter pour prendre la relève. Beaucoup de congressistes se sont reconnus dans les propos de cette jeune femme. Quant à Ginette Saint-Laurent, la conjointe de Gaston, elle fait vibrer les autres femmes présentes quand elle décrit l'amour pour sa famille qui émane de l'entreprise et son enthousiasme d'être « une partie importante et intégrante de l'évolution de celle-ci ». Les conjointes présentes au congrès sont directement touchées par le propos de

Ginette. Depuis plusieurs années, le Groupement fait une place particulière aux conjointes et conjoints de ses membres en mettant en évidence leur apport indispensable à l'équilibre et au développement de la vie du chef d'entreprise. Ainsi, depuis longtemps, il est de tradition que le président et sa conjointe invitent et reçoivent les membres pendant un congrès, comme ils le font avec des invités dans leur propre famille. De même, lorsque l'on rend hommage au président sortant, on honore aussi sa conjointe.

À la fin de la journée, Paul-Arthur Fortin, conférencier expert invité, fait le point sur la relève. Celui-ci est président de la Fondation de l'entrepreneurship, organisme ami du Groupement, fondé en 1980 par lui-même et Jacques Plourde. En 1975, ce dernier a soutenu et continué le travail amorcé par Rosaire Fortier, du MIC-Québec, pour susciter la création du Groupement québécois d'entreprises. La Fondation de l'entrepreneurship[44] a vu le jour en 1980 après le décès de Jacques Gagnon, fondateur de la Fédération des caisses d'entraide économique et centième membre du Groupement en 1976.

En dépit des difficultés et des problèmes de survie éprouvés par ces organismes, il existe entre eux une fidélité et une connivence qui se maintiennent.

Au congrès de novembre 1987, quelque 600 participants se penchent sur leur qualité de vie. Après la conférence d'ouverture du ministre de l'Industrie et du Commerce, Daniel Johnson, la réflexion collective sur la qualité de vie du chef d'entreprise est alimentée par les témoignages de diverses personnes : Michel Huard et sa conjointe Sylvie Chabanel, Marcel J. Bundock, sa femme Liane et leurs filles Évelyne et Édith, Jean-Marie Gagnon, sa femme Jeannine et leur fils François ainsi qu'Aimé Deslauriers et sa femme Francine. Marcel

Laflamme, professeur et auteur, se charge de la synthèse des témoignages et de l'atelier qui suit.

Pour les organisateurs de tels événements, la pertinence du sujet traité se mesure simultanément à la satisfaction des participants et à leur intérêt pour prolonger la réflexion dans leur propre entreprise ou dans leur propre vie. Ainsi, Marcel Thuot et sa conjointe Jacinthe Mailhot, propriétaires de Techno-Diesel, initient leurs cadres au thème du congrès en utilisant « le cas de Tom Monaghan », un jeu sur les valeurs présenté au congrès deux jours plus tôt. Jacinthe et Marcel ont été frappés par les témoignages sur le bonheur dans la vie, sur le plaisir au travail et, surtout, sur la nécessité d'un équilibre de vie tant familiale que professionnelle.

Les propos tenus sur le sujet par la famille Bundock les ont particulièrement touchés puisqu'ils y avaient également profondément réfléchi : trop souvent totalement dédiés à leur entreprise, ils ont parfois négligé l'harmonie nécessaire entre la vie personnelle et la vie professionnelle. Une telle discussion dans une entreprise permet « de nous poser les vraies questions, de nous rapprocher de nos cadres et aussi de faire quelque chose pour le bonheur des autres », se dit Marcel au terme de la première rencontre.

## L'expansion internationale du Groupement

Sous la présidence de Jacques Gauvin, le Groupement définit davantage son offre de service aux clubs et valorise de plus en plus la dimension de « l'entraide » qui doit se prolonger hors des rencontres mensuelles. À chaque numéro, le bulletin aux membres présentera des exemples d'entraide vécus par les membres. De plus, on raffine les méthodes et les outils au service Entraide-PME.

Au cours de cette année 1987, l'expansion du Groupement se quantifie de la manière suivante : mise en chantier de 17 projets de nouveaux clubs, formation de 7 nouveaux clubs fonctionnels, arrivée de 80 nouveaux membres (comparativement à 39 en 1986), augmentation de 50 % de la participation des membres aux activités provinciales — même si 50 % des membres n'y vont pratiquement jamais —, intervention du module R-D dans 700 cas, publication du livre sur les conseils d'administration et développement du programme d'échange entre industriels québécois et français.

En décembre 1986, le bulletin des membres annonce que les Français s'inspirent du Groupement québécois d'entreprises. Depuis plusieurs années, des industriels de France participent à des colloques ou à des congrès du Groupement, souvent dans le cadre d'échanges franco-québécois parrainés par des ministères économiques. En 1985, Bernard Doublet, président de l'Association Essor-MPI[45], participe au congrès et repart emballé par l'idée des clubs, qu'il compte adapter à son association regroupant « les offreurs et les demandeurs industriels ». Dans la région de Lille, zone fortement industrialisée, Essor-MPI rassemble 384 industriels de PME. Doublet propose à ses membres de créer des clubs de décideurs d'entreprises inspirés de la formule québécoise. Soixante-quinze industriels acceptent de tenter l'expérience.

En janvier 1988, Jacques Gauvin se rend à Valence, en France, à l'invitation de l'Association Rhodanim et de son président Henri d'Arras, pour entretenir ses membres des clubs de PME. Par ce voyage, le Groupement veut examiner les possibilités de franchiser la formule élaborée depuis 1974 et il cherche à intéresser les patrons français à une semaine de formation qui serait donnée au Québec. Le voyage est un succès : plus de 100 chefs ont été rencontrés, des ponts ont été jetés et un projet d'échanges pour les enfants des membres des deux côtés de l'Atlantique est exploré.

Moins d'une année plus tard, toutefois, un moratoire d'au moins une année sur l'expansion internationale sera décrété par le conseil d'administration.

Au congrès de l'automne 1987, le Beauceron François Vachon[46] succède à Jacques Gauvin à la présidence du Groupement. Au cours de son mandat, Gauvin a mis l'accent sur l'enrichissement de la vie de club, tandis que Vachon consacrera le sien à préciser les priorités de chacun des autres services, lesquels sont sous la supervision du directeur général, Jean-Guy Moreau.

**L'Entraide-PME**

Le soutien au fonctionnement des clubs est assuré par une équipe de six permanents[47] qui encadrent chacun sept ou huit clubs afin que ceux-ci soient un véritable lieu d'entraide entre les membres. Quant à Pierre Beaulieu, il s'occupe de l'aide au développement des clubs en favorisant la formation de nouveaux clubs et en fournissant tout l'appui nécessaire au recrutement à l'intérieur des clubs existants.

Au cours de l'année précédente, deux membres du conseil d'administration, Gaston Bélanger et Aimé Deslauriers[48], avaient reçu le mandat de préciser les orientations du service Entraide-PME. Depuis 1978, l'entraide à l'extérieur du club a pris diverses appellations : comité de dépannage, comité des catastrophes, comité SOS et désormais Entraide-PME. Le même principe y est toujours sous-jacent : l'entraide entre les membres existe au-delà de la vie de club.

Certes, l'entraide se vit dans les activités provinciales qui permettent aux membres d'étendre leur réseau personnel de contacts à des collègues et partenaires d'autres régions. Mais que faire et où aller quand le problème est plus intense et plus difficile à partager avec l'ensemble du club, quand l'expertise n'est pas suffisante ou que le membre désire plus qu'un tour de table ou une soirée consacrés à sa situation ? Pour ces cas, le Groupement offre une nouvelle possibilité à chacun des membres en difficulté ou à la recherche d'une expertise plus spécifique : Entraide-PME, sous la responsabilité de Jean-Claude Couture, qui travaille depuis plus de 15 ans avec les PME manufacturières.

Couture n'agit pas comme consultant auprès d'Entraide-PME, mais en tant que coordonnateur des ressources. Il organise pour chaque cas un groupe d'intervention qui aidera directement le membre en difficulté selon sa situation personnelle et selon l'urgence du problème. Le service d'entraide possède une banque de membres du Groupement disposés à apporter leur aide dans les situations difficiles[49]. La liste est continuellement mise à jour par le directeur des communications, Benoit Paré, et celui-ci y ajoute la liste de différents partenaires qui ont déjà rendu avec satisfaction des services professionnels aux membres. Ce service d'accès au réseau de contacts est également annoncé dans le répertoire annuel des membres, dans la section « Coup de pouce pour l'entraide ».

Le service d'accès au réseau de contacts est en pleine expansion, tandis que celui de l'Entraide-PME est encore mal connu. Il faut préciser que, généralement, le chef d'entreprise n'aime pas annoncer sur la place publique qu'il est en difficulté : il croit toujours qu'il s'en sortira seul. Entraide-PME contourne cet obstacle en garantissant la confidentialité aux usagers. Néanmoins, les permanents du Groupement constatent que les chefs d'entreprise en difficulté attendent trop souvent que la situation soit irréversible pour demander de l'aide. Ils estiment qu'une certaine éducation est à faire afin de changer la mentalité du chef d'entreprise qui s'isole dans les moments difficiles.

### La question de la visibilité

Par ailleurs, en 1988, le Groupement se pose encore une fois des questions sur sa visibilité. Une nouvelle politique est élaborée et présentée pour approbation au congrès à venir. La politique de visibilité publique du début des années 80 avait été qualifiée de *low profile*. Celle de l'année 88 est sous le signe de la prudence ; certains disent même que le Groupement est passé d'une politique *low profile* à une politique *no profile*.

En fait, la ligne directrice annoncée par le Comité exécutif réaffirme que la visibilité du Groupement doit être au service de sa mission première[50]. Les revendications et les critiques à l'égard des politiques gouvernementales doivent donc être acheminées vers des organismes dont la vocation est de s'occuper de ce type de problèmes, tels que le Comité du patronat du Québec et la Fédération canadienne des entreprises indépendantes. Dans la même veine, le Comité exécutif recommande que le Groupement « continue d'utiliser tous les moyens à sa disposition pour inciter ses membres à profiter pleinement de leur club régional et du réseau unique d'échanges et de formation que constitue le GQE ». En réalité, on ne veut rien mettre en place qui viendrait « distraire l'attention des membres des objectifs premiers pour lesquels ils sont rassemblés au sein d'un même club ».

Autrement dit, le Groupement rassemble des membres, mais ne les représente pas.

## Le bilan de l'effectif en 1988

En mai, le président Vachon présente un bilan sur l'effectif des membres, question qui demeure toujours importante pour tous.

Les données transmises montrent l'évolution de l'effectif depuis 1974 :

- 68 % des membres demeurent actifs sur une longue période.

- Depuis 1974, 717 personnes sont devenues membres du Groupement.

- En mai 1988, 488 membres sont actifs, dont 10 % depuis plus de 10 ans, 40 % depuis 6 ans et plus et 60 % depuis 5 ans et moins.

- 32 % des membres ont quitté le Groupement depuis sa fondation.

Pourquoi quitte-t-on le Groupement ? Une analyse des données colligées démontre que 30 % partent « pour des raisons assimilables à un manque d'intérêt pour ce qu'ils trouvent au GQE », tandis que 70 % le font pour d'autres raisons (vente d'entreprise, faillite, passage au statut de grande entreprise, etc.). En 1982, le Groupement avait perdu 11 % de ses membres. En 1988, le taux d'abandon a chuté à 6 %. Pour le président Vachon, ces statistiques montrent que le Groupement est en progression constante et qu'il offre des services de plus en plus adaptés aux besoins des membres.

## Des remises en question

En mai, le conseil d'administration prévoit entamer une réflexion sur l'accessibilité d'entreprises non manufacturières au Groupement. En outre, nombre de membres du conseil souhaitent discuter de la trop grande multiplication des services, craignant que le Groupement ne devienne « une boîte de consultation et de formation » offrant ses services de façon dispersée. Les avis sont également partagés en ce qui concerne la mise au point du service de formation selon l'approche PRH. Cette remise en question ne porte pas sur le contenu des séminaires, mais sur la place que cette philosophie occupe au sein du Groupement ; en effet, l'accent y est mis exclusivement sur le plan humain, alors que le Groupement a toujours fait la promotion d'un équilibre entre les dimensions humaine et technique de la vie du chef d'entreprise.

Bien des membres du conseil d'administration, dont le président Paul-Henri Fillion, mettent fréquemment en garde le vice-président exécutif Moreau contre l'envahissement de la Fondation PRH à l'intérieur du Groupement. Mais un certain nombre d'administrateurs constatent que Moreau est très engagé dans ce mouvement et qu'il a la ferme conviction que la Fondation, installée dans plusieurs pays, permettra au Groupement de croître sur le plan international. Moreau est un homme persévérant et tenace dans ses projets.

À l'automne 1988, Jean-Claude Couture quitte le Groupement après plus de cinq ans et demi d'engagement à titre de directeur administratif responsable des dossiers assurances et Entraide-PME. Trois nouveaux employés s'ajoutent à l'équipe : Claude Beauregard et Marc Coulombe se joignent aux ingénieurs affectés au service d'aide à l'innovation technologique grâce à une nouvelle entente de trois ans avec le MIC-Québec et à la poursuite de l'accord avec le CNRC, tandis que Michel Bundock, neveu de Marcel J. Bundock, assistera Pierre Beaulieu en ce qui concerne l'expansion des clubs. Michel Bundock, qui a une formation en psychopédagogie et en animation, a rencontré Pierre Beaulieu au cours d'un atelier de formation du Groupement. De plus, Philippe Tessier collaborera avec Beaulieu et Bundock, tandis que Jean-Pierre Lambert s'occupera des activités provinciales.

Au congrès de 1988, François Vachon dresse un bilan de sa présidence, notamment en ce qui concerne le développement et l'importance des clubs ainsi que la nouvelle politique de visibilité publique du Groupement. Ensuite, il décrit le travail accompli dans la gestion du programme d'assurance collective. « On a mis dix ans à faire nos classes dans ce domaine éminemment complexe », dit-il aux congressistes et il ajoute que « désormais, avec le nouvel assureur, le programme sera orienté sur le service aux membres, par et pour les membres ».

À la suite d'une orientation prise par le conseil d'administration, le président sortant note que la spécificité du Groupement est de rassembler des chefs d'entreprises manufacturières. Il s'agit de la base du recrutement de l'effectif. Il affirme, toutefois, que l'ouverture à d'autres clientèles demeure une possibilité lorsque le bassin d'entreprises manufacturières d'une région donnée est insuffisant pour qu'un club y soit viable. Par cette politique, le Groupement préserve l'homogénéité et l'intégrité de la mission souhaitées à l'origine. Le président Vachon souligne que « c'est un dossier qui ne sera jamais vraiment clos tout comme notre propre dossier-clients dans chacune de nos entreprises ».

Marcel Patenaude est le nouveau président élu du Groupement. Membre depuis 1984 et président de Cascade Technologies de Saint-Laurent, il amorce son mandat dans la continuité des actions entreprises par le président Vachon en misant notamment sur les clubs et sur une nouvelle alliance avec les membres. Au cours du congrès, selon la coutume du Groupement, il définit ses priorités et présente les membres du nouvel exécutif et du conseil d'administration.

Le congrès a pour thème la motivation et arbore le slogan « Avez-vous le feu ? » La flamme symbolise la motivation. Une mise en scène est orchestrée pour souligner la symbolique : les gens se passent entre eux le flambeau pour marquer la transition entre certaines activités et d'autres défilent sur la scène ou dans la salle du Hilton-Québec, flambeau à la main. De plus, on a invité les membres qui devaient apporter leurs témoignages et les conférenciers experts à utiliser l'analogie du feu dans leur présentation. Même Claude Béland, président du Mouvement Desjardins, joue le jeu lorsqu'il prononce la conférence d'ouverture, qualifiée par nombre de gens de témoignage riche, inspiré et très personnel. On retient, entre autres, de Claude Béland la phrase suivante : « Un feu qu'on garde pour soi risque de se retourner contre nous. »

Jean-Guy Moreau affirme que « être motivé, c'est devenir soi-même », que la formation est « le pétrole de l'entreprise à l'avant-garde » et que sa principale motivation personnelle réside dans la foi du bâtisseur « attisée d'un désir de se réaliser à plein dans ses forces et de contribuer à ce qu'il en soit ainsi pour ceux se trouvant sur sa route ». Il invite les autres membres de la permanence à donner leur témoignage sur les motivations qui les ont menés à s'engager dans le Groupement. Jacques Plourde[51] fournit un témoignage à son image, basé sur des tendances et des faits. Il affirme que sa principale motivation, tout au long de sa carrière, a été de contribuer à la croissance des chefs d'entreprise. Comme fonctionnaire et comme ex-dirigeant d'entreprise, il se dit, avant tout, un homme d'action plutôt qu'un homme de réflexion.

Dans ce contexte, ce qui le motive, ce sont les projets et les mandats qu'il reçoit des dirigeants d'entreprises. Il insiste pour rappeler que ce sont des gens qui, par leur exemple, alimentent les motivations des autres. Il mentionne l'importance qu'a eue Rosaire Fortier dans le développement de l'entrepreneurship au Québec et souligne l'apport de Paul-Arthur Fortin, alors président de la Fondation de l'entrepreneurship et ex-dirigeant de l'OPDQ[52], au milieu des années 70. Il définit la contribution de Fortier comme un soutien à l'action et celle de Fortin comme un soutien à la réflexion.

À la fin du congrès, et pour conclure, trois ex-présidents du Groupement font part de quelques réflexions personnelles qui contrastent avec le lyrisme de certains autres témoignages de la journée. Marcel J. Bundock définit ce qui le motive en déclarant : « C'est de me sentir de plus en plus libre dans ma peau de chef d'entreprise. » Claude Arcand met l'accent sur l'importance de connaître les motivations de son équipe, de ses associés, de ses employés, de ses clients et de ses partenaires, et d'en tenir compte dans sa direction d'entreprise. Enfin, Paul-Henri Fillion considère que l'essentiel est d'apprendre à se donner du temps de réflexion pour mieux préparer l'avenir.

## Des membres protestent

Quelques jours après le congrès, une réunion du conseil d'administration est convoquée par le président Patenaude. Une crise est à l'horizon : des membres sont fort inquiets de certaines orientations du Groupement. À la suite du congrès, une pétition a circulé et a été déposée à la permanence. Pour parodier le slogan du congrès, on peut dire que « oui, les membres ont le feu... »

Que se passe-t-il ? Déjà au congrès, de nombreux participants ont exprimé le malaise que provoquait chez eux le déroulement des activités. La pétition comportait 188 signatures, dont celles de 2 anciens présidents et de 15 présidents de club. Le président a également reçu des lettres de six autres membres et trois lettres personnelles d'anciens présidents.

Essentiellement, les membres craignent que la formation PRH ne devienne le pivot de l'« humanisation » du Groupement. À ce sujet, ils observent que le congrès de 1988 a démontré une dominante PRH sans retenue, en dépit des interrogations déjà exprimées à ce sujet au congrès de 1987. D'aucuns rapportent même le témoignage qu'a fait un membre de la Fondation PRH au cours du congrès de 1988 : « C'est magnifique ce que le Groupement fait pour le mouvement PRH ! » D'autres n'aiment pas la dimension trop « réfléchie » qui s'est intégrée aux congrès depuis quelques années, tandis que quelques-uns craignent que le Groupement ne devienne une secte « en prenant une nette tendance charismatique ».

Une rencontre entre le président Patenaude et la direction générale permet de définir la nature du conflit potentiel. On admet que, avec le temps, la dimension humaine de la mission du Groupement est devenue synonyme de formation PRH. Le directeur général souligne que l'internationalisation du GQE peut toutefois être accélérée par la Fondation PRH. Enfin, on conclut que le conseil d'administration et le directeur général perçoivent très différemment le partage de l'autorité et du pouvoir. Selon le conseil d'administration, il est clair que la permanence « souhaite affirmer sa primauté par la nomination d'un président permanent non membre du Groupement, donc un président-directeur général ».

À la réunion du conseil d'administration du 15 décembre, aucun membre de la permanence n'est présent. Il s'agit probablement d'une première dans l'histoire du Groupement. Les administrateurs analysent la situation et discutent sérieusement de l'avenir du Groupement. Le président Patenaude obtient le consensus sur les éléments suivants :

1.  La mission du GQE est et demeure le développement du chef d'entreprise sur les plans humain et technique, et non l'humanisation du dirigeant selon la pédagogie PRH.

2.  Le rôle de la direction élue est de définir la mission, les objectifs et les moyens retenus, et de voir à la poursuite et à la réalisation de ceux-ci. Il n'est donc pas question d'accepter une présidence permanente non élue par les membres. On y affirme que le Groupement est une association de membres qui gèrent leur association selon des règles établies depuis des années et révisées régulièrement.

3.  Le rôle de la permanence consiste à apporter son soutien total et inconditionnel à l'élaboration, à la planification et à la mise en œuvre des politiques, des projets et des programmes, et ce, en conformité avec la mission fondamentale du Groupement.

Beaucoup de membres du conseil admettent la pertinence de la formation PRH puisqu'elle leur a été utile dans leur métier de chef d'entreprise. Par contre, selon le point de vue des administrateurs et des membres contestataires, la primauté, voire l'exclusivité, de celle-ci pose problème. Dans ce contexte, les membres du conseil appliquent le principe de base de tout conseil d'administration : le bien commun de l'entreprise prime les opinions personnelles de chacun des administrateurs.

Le président Patenaude négocie le départ du directeur général et il en propose les modalités au conseil à la fin de janvier. Ces modalités considérées comme généreuses sont unanimement acceptées. En même temps, on décide de mettre un terme à la formation PRH.

Au cours de la même réunion, on nomme Benoit Paré vice-président exécutif et Pierre Beaulieu vice-président aux opérations. Cette décision entraîne l'expérimentation d'une direction bicéphale qui prend la relève dès le 6 février 1989. Les administrateurs estiment que, dès la réunion suivante, le conseil devra se pencher sur la question afin d'établir une politique claire pour la permanence. Dès le 23 février, les orientations suivantes sont émises :

1.    Adopter une position de « wait and see » afin de pouvoir vérifier si un manque important risque de survenir pour les membres, sur le plan des besoins de formation personnelle de type PRH.

2.    Ne rien promouvoir, sur le plan de la formation personnelle, qui soit extérieur au GQE, et ce, pour un certain temps.

3.    Promouvoir à sa juste valeur l'outil de formation qu'est le GQE en mobilisant les administrateurs, les présidents de club, les membres et les permanents et en les engageant à vivre pleinement cet outil.

4.    Profiter de la tournée de mars pour écouter les membres et s'assurer de leurs besoins en cette matière.

Grâce à ces décisions, la crise au Groupement se résorbe assez rapidement, mais les administrateurs du conseil d'administration[53] jouent de prudence en mettant en place des mesures de contrôle plus serrées afin d'éviter de nouvelles dérives inacceptables pour les membres. Par exemple, ils exercent une certaine vigilance en demandant aux permanents de leur soumettre préalablement les thèmes et contenus des congrès et des colloques. Selon le président Patenaude, le Groupement vient d'effectuer un virage de cinq degrés qui, à long terme, engendrera des changements en profondeur.

Nombre de membres du conseil tirent des leçons de cette crise. Ils comprennent notamment que, dans le domaine des valeurs humaines, tout est subjectif et que cela peut facilement provoquer des dérapages, même si les intentions sont excellentes et valables en soi.

Cependant, cette crise n'est rien comparativement à celle qui se prépare dans le monde des affaires au début des années 90.

## Chapitre 5

# Entrez dans le « neuf »...

Au terme de ce virage visant à assurer la pérennité du Groupement, le président Patenaude invite les membres à « entrer dans le neuf qui s'en vient » tout en leur confirmant que la mission de leur association demeure intacte. De plus, il se veut rassurant à l'égard des membres en annonçant une tournée provinciale dont le but est de recevoir leurs suggestions et de faire le point sur l'évolution de la situation depuis le congrès de novembre 1988.

### Répondre davantage aux besoins des membres

Le président Patenaude propose une nouvelle alliance avec les membres. Chaque administrateur, membre du conseil d'administration, sera désormais l'accompagnateur d'une région formée de quatre ou de cinq clubs. Ainsi, il sera en contact plus direct avec les présidents de club de sa région. Grâce à cette stratégie, on compte mobiliser davantage les membres dans « cet incomparable réseau d'entraide des dirigeants de PME du Québec ». Les rencontres régionales visent à sonder directement les chefs d'entreprise afin de cerner leurs préoccupations personnelles et professionnelles. Celles-ci pourront inspirer les thèmes des congrès et des colloques[54].

De plus, l'équipe de la permanence annonce la diffusion de nouveaux outils de travail pour dynamiser davantage la vie des clubs et pour faciliter le travail des présidents. Enfin, on opte pour l'adoption d'un thème annuel qui vise à créer une certaine unité au sein des activités locales et provinciales.

Dorénavant, on souhaite que le Groupement ait ses « rythmes », selon l'expression utilisée dans le journal des membres.

> Chaque jour : l'entraide ; chaque mois : le club ; chaque saison : les colloques basés sur des aspects techniques du rôle de chef d'entreprise ; et chaque année : le congrès et le programme élaboré à partir des préoccupations des membres comme individus.

La tournée amorcée en mars et en avril 1989 est reprise en août. Les administrateurs du CA sont très heureux du résultat des discussions avec les membres. En général, ceux-ci sont satisfaits de l'organisation de leur club et de ce qu'ils y vivent. Ils y trouvent la confiance, la complicité, l'ouverture, la franchise, la communication et la coopération qui favorisent un bon climat de partage. Il ressort également que la qualité des membres demeure le critère de base pour le recrutement[55]. On remarque que les « vieux » clubs sont très exigeants à l'égard des nouveaux membres. Cependant, dans la majorité des clubs, on souhaite l'insertion de nouveaux membres pour revitaliser le mouvement grâce à l'apport d'expertises et d'expériences différentes. On note également que les nouveaux clubs cherchent leur raison d'être et demandent de l'aide pour démarrer.

La tournée permet en outre de clarifier le rôle et l'importance du réseau d'entraide hors de la vie des clubs. La majorité des membres éprouvent encore beaucoup d'embarras à demander de l'aide. Pourtant, les témoignages des utilisateurs de ce service d'entraide confirment que ce service est non seulement personnalisé, profitable et utile, mais rapide, confidentiel et sécurisant. Dans ce contexte, les permanents précisent la nature et le fonctionnement des services d'entraide. On songe même à donner un autre nom aux interventions SOS pour que le service soit moins associé à l'urgence, et qu'il soit plus préventif.

Le contact étroit entre les administrateurs, l'équipe de la permanence et les membres montre également que la place des « fournisseurs de services » doit être mieux définie. Certains membres se plaignent de la sollicitation de masse que font certains d'entre eux et de la pression qu'ils exercent pour obtenir des contrats. De fait, il s'agit d'une question délicate, car, même si le Groupement a besoin de ces partenaires, « le respect du membre est et sera toujours prioritaire ».

On commence à mieux cerner ce que sont les partenaires. On établit des catégories selon qu'ils appartiennent à une institution ou qu'ils sont indépendants. De plus, on cherche un moyen pour que les membres valident le travail de ces professionnels.

Le Groupement invite également ses membres à participer aux séminaires de gestion qui sont donnés par le ministère de l'Industrie, du Commerce et de la Technologie et qui s'adressent spécifiquement aux propriétaires-dirigeants de PME. Les membres du Groupement considèrent que ces séminaires répondent adéquatement à trois grandes préoccupations des chefs d'entreprise :

- Fournir des connaissances de base sur la gestion des principales fonctions des entreprises.

- Aider les entreprises à amorcer des changements devenus nécessaires pour des raisons économiques.

- Sensibiliser les entreprises aux nouvelles tendances ou nouvelles méthodes qui pointent à l'horizon[56].

Le MICT offre des séminaires d'une journée sur 35 sujets différents, et ces séminaires sont animés par des gens ayant une expérience concrète de la gestion d'entreprise. En matière de formation, bien que les dirigeants du Groupement admettent que ces séminaires sont un outil important, ils valorisent surtout le club comme outil de formation pour le chef. L'expérience acquise depuis plus de 15 ans dans le développement des clubs leur donne la conviction que l'autoformation et la formation par les pairs produisent des résultats tangibles parce que cette forme d'apprentissage s'adapte aux besoins réels du chef d'entreprise. Ainsi, le club favorise une formation continue, tandis que les séminaires apportent un appoint sur le plan technique.

Si le Groupement n'hésite pas à recommander à ses membres les séminaires du MICT-Québec, c'est que la collaboration a toujours été de première qualité entre les deux organismes. De plus, les relations sont bonnes avec le nouveau ministre Gérald Tremblay, qui souhaite aider les entreprises ayant une vision à moyen terme de leur développement.

La « rencontre coup de pouce » remplace les « interventions SOS ». La nouvelle appellation définit mieux l'évolution du service qui « aide un membre qui a une décision importante à prendre, ou qui vit une préoccupation majeure et souhaite consulter d'autres chefs ».

### La mise sur pied de quatre réseaux

En 1990, dans le but de mieux répondre aux besoins des membres, la permanence du Groupement forme une équipe[57] pour mettre sur pied quatre réseaux :

1.  *Le réseau des membres.* Le club est le premier réseau au sein du Groupement ; il permet aux membres de tisser des liens et de s'entraider ; il s'étend quand chacun des membres met à la disposition des autres son propre réseau de contacts.

2.  *Le réseau partenaire.* Il se compose d'une banque de fournisseurs de services susceptibles d'aider les chefs ; les partenaires sont sélectionnés à la suite de la recommandation de membres ayant eu recours à leurs services.

3.  *Le réseau d'influence*[58]. On invite les membres du Groupement à prendre place au sein de conseils d'administration ou de comités consultatifs à l'échelle provinciale et nationale ; le Groupement ne représente pas ses membres dans tous ces organismes, mais il les invite à y participer à titre personnel et à y faire valoir les besoins des chefs de PME.

4.  *Le réseau international.* Cette banque de contacts doit faciliter les échanges à l'étranger dans un contexte d'affaires qui se mondialise de plus en plus.

Le développement des réseaux permet au Groupement de consolider ce qui le caractérise depuis sa fondation : le club d'entraide et de formation entre pairs.

### Faire face au changement et à la récession

Le thème de l'année 1989-1990 est le leadership en changement. Les membres du Groupement sentent que la direction d'entreprise se transformera au cours de la prochaine décennie en raison de la pression des marchés internationaux et de la concurrence sans merci qui s'annoncent partout sur la planète.

Le thème du leadership évoque deux autres aspects. Au Groupement, le virage du début de 1989 annonce un leadership renouvelé associé à un rapprochement des membres. Le Groupement se positionne comme une entreprise qui doit croître et survivre dans un environnement socio-économique changeant. Dans l'ensemble du monde des affaires, on est très conscient du changement en profondeur qui marque les entreprises et plus généralement la société. Dans ce contexte, on a besoin de nouveaux leaders qui ont une vision, qui la projettent à long terme dans le développement de leur entreprise et qui savent la partager avec leurs cadres et leurs employés.

La récession économique du début des années 80 a été sournoise, rapide, voire imprévisible. Elle fut un choc pour les entrepreneurs, mais, rapidement, un vent d'expansion et de croissance s'est installé. La récession qui s'annonce au début de la décennie 90 est déjà perceptible en 1989 ; pourtant, elle est niée par les experts et les politiciens qui déclarent qu'on assistera plutôt à un court ralentissement économique à la suite de plusieurs années de croissance phénoménale.

Même en pleine récession, les décideurs politiques refusent de confirmer son existence et ses effets sur les entreprises et sur les citoyens.

Le début de la décennie 90 est l'avènement d'une ère d'incertitude. Beaucoup parlent de récession, d'autres de décroissance et certains de réaménagement économique. Les années 80 ont été celles de la diversification des activités des entreprises. Au début des années 90, les chefs d'entreprise remettent en question cette stratégie de développement et proposent plutôt de revenir à ce que l'entreprise sait le mieux faire : se doter d'un créneau et devenir la meilleure dans celui-ci partout dans le pays et éventuellement dans le monde. Marcel Dutil[59], président du Groupe Canam Manac, tire la leçon suivante des années de diversification : « Plutôt que de viser une diversification de ses activités dans des industries différentes de la nôtre, on est mieux de prendre de l'expansion géographique dans notre spécialité. Si une entreprise excelle dans son domaine au Québec, elle en fera tout autant en Ontario ou aux États-Unis. »

Dans tous les bulletins d'information adressés aux membres du Groupement au cours des années 1990 à 1992, on aborde les problèmes causés par la récession et on propose des mesures créatives pour s'en sortir ; ces mesures sont présentées par les membres dans les colloques, au cours des rencontres interclubs ou par les spécialistes invités.

Ailleurs qu'au Groupement, on cherche aussi des solutions : le ministre Tremblay crée une brigade économique pour soutenir la réussite des PME dans le contexte économique, la Banque du Canada consulte les entreprises afin de trouver des solutions, tandis que le Comité du patronat multiplie les sondages pour cerner les besoins des gens d'affaires.

Dès le 7 février 1990, une rencontre interclubs dans la région Laval-Laurentides a pour thème la question suivante : « Comment des membres s'y prennent-ils pour traverser ces temps moins faciles ? » Nombre d'autres rencontres interclubs s'organisent dans diverses régions parce que les chefs d'entreprise sentent que les choses changent et que les entreprises doivent revoir leur positionnement dans leur marché respectif.

L'analyse des réactions qui surgissent dans ces rencontres interclubs révèle qu'il existe trois situations fort différentes parmi les membres : certains ne sentent pas la crise qui vient parce que leur carnet de commandes est rempli pour plusieurs mois à l'avance ; d'autres observent une baisse importante des profits et, par le fait même, éprouvent la nécessité de réorganiser le travail des employés ; enfin quelques-uns, essoufflés par la progression fulgurante des dernières années souhaitent vendre avant que les problèmes ne commencent à se poser.

Au congrès de septembre 1990, Michel Huard[60] remplace Marcel Patenaude à la présidence pour deux années. De 1990 à 1992, le Groupement retient deux thèmes de travail : « La qualité à notre façon » et « Provoquer ma reprise ». Le premier thème est dans l'air du temps depuis le milieu des années 80, mais il devient omniprésent dans un monde où la concurrence se fait de plus en plus forte, tandis que le second est relié à la récession qui ne se termine pas et qui touche de plus en plus d'entreprises manufacturières.

Le président Huard rappelle fréquemment la dimension humaine du mandat du Groupement. Quand il aborde la qualité totale, il ne veut pas le faire à la manière des multinationales qui misent uniquement sur le contrôle du produit sans se préoccuper des autres facettes de la vie d'entreprise. Pour Huard, la qualité, c'est aussi et surtout

« une qualité de vie basée sur des valeurs humaines ». Il affirme que « la qualité de l'entreprise est le reflet du chef et de ses valeurs ». Pour lui, les congrès sont des occasions uniques de « toucher la première partie de la mission du Groupement qui est le développement humain ». Il trouve fascinant que des chefs d'entreprise prennent du temps pour analyser ce qu'ils sont en tant qu'individus et ce qui les motive à développer leur entreprise.

## La représentation publique et politique

Dans l'histoire du Groupement, il est facile d'observer que les périodes de récession économique ou les périodes troubles de son développement interne entraînent la résurgence d'un problème jamais définitivement réglé : la représentation publique et politique.

En décembre 1991, le Groupement reformule sa position sur la question après l'avoir fait au début de l'année 1981 et en 1988. Avec l'accord du conseil d'administration, le président Huard rappelle que le Groupement constitue un rassemblement de chefs d'entreprise cherchant avant tout à devenir meilleurs. Dans les autres organisations patronales, on vise à représenter toutes les entreprises afin d'avoir un rapport de force plus efficace pour revendiquer et défendre les intérêts généraux et collectifs. Au Groupement, on ne croit pas pouvoir agir efficacement sur les deux plans, c'est-à-dire être bon pour rassembler et progresser dans sa raison d'être et être bon pour représenter des intérêts généraux, ce qui exige une structure et des compétences totalement différentes.

Le conseil d'administration décide que le Groupement doit « devenir le meilleur pour rassembler », quitte à mettre au point de nouvelles stratégies pour être mieux connu de l'ensemble des entrepreneurs. On croit que le rayonnement du Groupement ne doit pas se faire par la revendication, mais par la construction d'un réseau d'amis qui le placera « en position d'être consulté par ces mêmes amis qui ont des décisions à prendre ».

On a la conviction que la mentalité du Groupement peut se propager grâce à l'influence de certains de ses membres dans d'autres organisations. Cette influence à long terme, difficilement mesurable, est tout de même tangible. Mais, en attendant qu'elle se manifeste, la permanence du Groupement a le souci de transmettre les préoccupations de quelques-uns de ses membres auprès d'organismes « amis » voués à un rôle de représentation.

## Chapitre 6

# L'entraide peut aller loin

Raoul Moulinié[61] devient président au congrès de 1992 tenu en Beauce. Ses deux années de présidence se déroulent sous les thèmes de la vision positive de l'avenir et du nouveau rôle du chef. Il veut redonner au chef d'entreprise la fierté de s'engager davantage dans le Groupement en participant à l'amélioration continue de son fonctionnement. Il désire également faire connaître le Groupement hors de sa clientèle naturelle et de ses partenaires habituels en rencontrant différents groupes d'intervenants socio-économiques pour leur présenter les « couleurs » de ce rassemblement « unique au Canada ».

À l'approche de ses 20 ans d'existence, le Groupement et l'ensemble de ses membres dans leur milieu respectif sont à la recherche d'une vision d'avenir. Il n'est donc pas surprenant que le thème portant sur la vision positive de l'avenir rallie la très grande majorité des membres. Ceux-ci s'interrogent autant sur la crise, qu'ils vivent encore avec intensité, que sur l'après-crise qui s'annonce comme une ère de réaménagement des règles d'affaires, d'autant plus que le tournant du siècle invite aussi au bilan et à la prospective.

La vision positive de l'avenir est un thème à la fois philosophique et pragmatique qui vise à faire réfléchir les membres sur le présent et sur l'avenir sous des angles nouveaux. Avoir une vision consiste à donner un sens et une orientation à l'entreprise. Cette vision ne peut être fondée sur des impressions et des opinions. Ainsi, le Groupement propose à ses membres de réfléchir sur les paradigmes, sur l'importance de la veille informationnelle, sur les tendances actuelles et futures des marchés et sur la nécessité d'une équipe centrée sur une vision commune et claire.

## Le soutien aux entrepreneurs qui ont connu l'échec

Cependant, certains membres ou ex-membres ont une vision trouble et perturbée de l'avenir. Ils ont perdu leur entreprise au cours des dernières années particulièrement difficiles.

Le président Moulinié s'empresse de convoquer tous les chefs d'entreprise ayant appartenu au Groupement et ayant perdu leur entreprise ou l'une d'elles au cours des trois années précédentes. Le président n'oublie pas que si « les temps sont durs » pour tout le monde, ceux qui échouent en souffrent davantage.

> Dans notre société imbibée d'excellence, l'échec est sévèrement sanctionné. Curieuse contradiction quand je pense à l'un des commandements de l'innovation et de la qualité totale qui postule d'encourager les essais, de s'attaquer aux causes des erreurs plutôt que de pourchasser les coupables.

À la rencontre[62] du 24 novembre 1992, vingt membres et ex-membres acceptent l'invitation du président, désireux de donner une occasion d'échanges à ceux qui vivent la solitude associée à l'échec. En 1974, le Groupement a été fondé pour briser la solitude du chef d'entreprise par l'entraide et le partage des expériences. Quoi de plus cohérent que ces rencontres pour soutenir des membres en difficulté et pour tirer des leçons pouvant être bénéfiques à tous !

« C'est la première fois depuis dix-huit mois que je me sens traité comme un être humain », affirme un participant au président Moulinié. Le ton est donné à la rencontre. Sans jugements de valeur et sous une écoute attentive, les participants témoignent sobrement, mais souvent émotivement. Pour nombre d'entre eux, les blessures sont profondes et la sérénité n'est pas encore retrouvée. Il est facile de dire que la sagesse s'acquiert par l'expérience ; il n'en demeure pas moins que la perte d'une entreprise a des effets familiaux, personnels et professionnels graves, car « tout se tient et quand la faillite survient, tout peut éclater de partout ».

Les conclusions essentielles[63] qui furent tirées des rencontres avec les membres éprouvés sont éclairantes.

1.  Avec le recul, les participants constatent qu'il importe de rester le maître de sa vision, non son esclave ; qu'il est dommageable de tout sacrifier à l'entreprise ; que la vigilance dans la gestion quotidienne est de rigueur ; et qu'il faut faire ce que l'on sait faire et ce que l'on aime faire.

2.   Les difficultés économiques peuvent venir à bout d'une entreprise, mais elles ne tuent pas un entrepreneur : « Si aucune entreprise ne vaut qu'on meure pour elle, aucun entrepreneur ne peut vivre longtemps sans projets. »

3.   L'enseignement reçu au Groupement porte fruit, car nombre de membres présents acceptent d'aller témoigner dans les clubs dans un but de prévention et de partage des expériences.

En effectuant la recherche pour la rédaction de cet ouvrage, j'ai pu discuter de cette rencontre avec quelques participants qui y étaient présents. La constatation fut unanime : « Cette rencontre m'a donné une énergie nouvelle et une grande fierté d'avoir appartenu au Groupement. » L'avenir démontre que cette énergie leur a permis de se relancer en affaires quelques années plus tard.

## Le Groupement progresse

Le 14 décembre 1992, le Groupement déménage son siège social de la rue Cormier à la rue Rocheleau, située à l'entrée du parc industriel régional à Drummondville. Approuvé par l'assemblée générale des actionnaires, ce projet coûte 270 000 $.

De l'extérieur, le bâtiment neuf a davantage l'allure d'une immense maison que d'un bureau. Cette architecture reflète la mentalité du Groupement qui se considère comme une grande famille dont les membres aiment se rencontrer. En mai, on organise pour les membres et pour les administrateurs des visites de la « maison du Groupement ».

En mai 1993, quelque 58 % des membres du Groupement affirment que la récession n'est pas terminée. Évidemment, cette situation engendre un ralentissement dans le recrutement de nouveaux membres et change la vie des clubs. Certains en profitent pour se serrer les coudes et pour aborder des thèmes « qui touchent les vraies affaires, les choses essentielles ». Ailleurs, le dynamisme est à la baisse.

Le Groupement instaure une clinique de relance pour les clubs afin de répondre à deux objectifs : aider le club à redevenir profitable pour les membres et assurer l'existence à long terme du club dans la mission du Groupement. Bien qu'un permanent soit chargé d'animer la clinique de relance, il est avant tout au service du club, puisque la clinique est un outil taillé sur mesure pour répondre aux besoins particuliers de chacun.

Pour répondre à une demande exprimée par les membres quant au problème de la relève familiale, le Groupement s'engage dans la création de clubs composés spécifiquement de membres destinés à prendre la relève d'une entreprise familiale. On expérimente diverses formules et, à l'automne 1993, une soixantaine de fils et de filles de membres acceptent l'invitation de se rassembler en clubs. Ces aspirants chefs apprennent à vivre l'entraide tout en analysant leurs forces, leurs faiblesses et leurs limites.

Le congrès de 1994 à Québec est l'occasion de souligner les 20 ans d'existence du Groupement et se déroule sous un thème qui caractérise les préoccupations de l'organisme : « Prendre en main ma qualité de vie », séminaire animé par Nicole Côté. Au cours de cette activité, les congressistes sont invités à entendre les témoignages de Louis Garneau, Richard Bourbeau, Louise Boisclair, Yves Desforges, Michel Forget et Marcel Bergeron.

Le Groupement y convie tous les anciens présidents ainsi que Jean-Guy Moreau, le précédent vice-président exécutif. On publie un cahier souvenir qui relate les grandes lignes des événements vécus au cours de ses 20 ans d'existence, en mettant l'accent sur les priorités de chacun des présidents. À la demande des administrateurs, Roger Alexandre, peintre québécois, réalise une toile intitulée *Route solidaire* :

L'homme qui tournera son regard vers l'avenir, y verra la lumière...

Il eut l'idée d'unir ses forces aux autres, de partager son savoir, de chercher dans cette collectivité, de progresser vite et mieux. [...]

Chacun y prendra et donnera...

Au cours de cet événement, et consigné dans le cahier, on rend hommage à sept membres de la première heure toujours actifs au Groupement[64] : Laurent Bolduc, Guy Boulanger, Germain Courchesne, Roger Lessard, Raymond Dupuis, Douglas Sheard et Réal Parent.

À partir de l'automne 1994, sous la présidence de Mario McDonald[65], le Groupement québécois d'entreprises entreprend des démarches juridiques pour devenir le Groupement des chefs d'entreprise du Québec. Le slogan « Profitons de l'expérience des autres » remplace celui utilisé depuis nombre d'années : « L'incomparable réseau d'entraide des dirigeants de PME au Québec ». On estime que le nouveau nom reflète mieux ce qu'est l'organisation et ce qu'on veut qu'elle devienne.

Dès 1993, tous les membres ont participé à la réflexion sur la raison sociale du Groupement, réflexion qui aboutit au cours de l'année 1995. Par la suite, le Groupement obtiendra le statut d'organisation à but non lucratif.

# Chapitre 7

# Rassembler et « réseauter », la voie de l'avenir

L e Groupement fait le pari qu'il n'y a pas d'avenir pour la PME sans entraide, sans partage, sans collaboration et sans « réseautage ». C'est à cette voie qu'il invite les chefs d'entreprise à réfléchir depuis 1994. Au Groupement même, sous les mandats des présidents Mario McDonald (1994-1996) et Marcel Thuot[66] (1996-1998), la mission tourne autour de deux grands pivots complémentaires : rassembler et « réseauter ».

Le principal défi qui se pose aux dirigeants du Groupement est de prendre de l'expansion — et on veut en prendre comme dans toute entreprise — sans renier sa mission première et sans briser l'homogénéité de sa clientèle naturelle.

Au cours des années, le Groupement a dû modifier certains critères quant au recrutement de son effectif. De plus en plus d'entreprises appartiennent à plusieurs actionnaires, et de nouvelles règles sont nécessaires pour évaluer l'intégration de ces actionnaires à titre de membres du Groupement.

Mario McDonald a la conviction que, en raison de la transformation profonde de l'économie, on doit réinventer l'entreprise, tandis que Marcel Thuot soutient que ce nouveau contexte exige que le chef d'entreprise devienne meilleur, et que, par conséquent, il a besoin davantage de formation et d'aide.

Les mandats des deux présidents se complètent puisque des orientations essentielles à l'expansion du Groupement ont été prises sous l'administration McDonald et mises en œuvre par le conseil d'administration présidé par Thuot.

Voici quelques observations de ce qui a été fait au cours de 1994 à 1998[67].

1. On instaure de plus en plus de services « sur mesure » tant en ce qui concerne le contenu des animations que la diversification de la nature des clubs ; on voit apparaître, par exemple, des clubs technologiques, de gestion à distance, d'aspirants chefs et d'entreprises de distribution. La structure des responsables régionaux voit le jour. L'année 1997 se termine par l'avènement d'un centième club au Groupement.

2. Des efforts soutenus sont faits pour recruter de nouveaux membres, notamment dans la région métropolitaine. Les efforts de régionalisation et de recrutement dans la région de Montréal entraînent une mobilisation importante des permanents, qui se voient confier de nouveaux mandats[68].

3.   Un travail d'équipe vise à réformer les grands rassem-
     blements provinciaux.

4.   On améliore les moyens de communication avec les membres
     et les partenaires.

5.   On poursuit des liens et des échanges de méthodes avec
     l'Association du progrès du management de France.
     L'internationalisation du Groupement redevient
     épisodiquement un sujet de discussion.

6.   On orchestre la relance du partenariat et le renouvellement
     des grandes ententes annuelles pour les services, les
     commandites et le service d'assurances collectives.

7.   On met sur pied le projet pilote « Service Express » dans la
     région 04. Ce projet prend de l'expansion au moyen du
     « Réseau Express[69] » financé grâce à une entente avec le
     secrétaire d'État au développement économique, Martin
     Cauchon, et fonctionne grâce à l'engagement des organismes
     comme le DEC, le MIC, Emploi Québec, le CNRC, etc. Il
     s'agit, essentiellement, d'une équipe d'intervention sur
     mesure destinée à aider le chef d'entreprise qui a un projet
     de développement.

8.   En collaboration ave le Réseau canadien de technologie
     (RTC), on met au service des membres un conseiller en
     transferts de technologie et alliances stratégiques et on met
     au point un service d'information stratégique pour les
     membres grâce à une entente de service avec le CRIQ.

9.  On développe en partenariat l'outil « PDG[70] » ; cet outil devient un « incontournable » pour devenir un meilleur chef.

10. Des groupes de travail effectuent d'importantes études quant aux préoccupations des membres à propos de l'amélioration des relations bancaires et de l'élimination des irritants reliés aux règles et politiques gouvernementales.

11. On assiste à la naissance du conseil des anciens présidents. À la manière de « sages », ces anciens constituent la mémoire et la continuité du Groupement. On les rencontre annuellement pour « lier le passé et le présent », sans autre objectif que le plaisir de se retrouver ensemble et sans mission particulière, sinon celle qui se définira peut-être au cours des années à venir.

Jean-Yves Sarazin[71], le président actuel élu en 1998, fait le point sur les 25 ans d'existence du Groupement, les définissant comme 25 ans d'entraide et de réseaux.

Tout est désormais en place pour que les valeurs d'entraide et de partage des compétences et des expériences entre pairs interagissent avec un concept de réseaux souples, légers et fluides.

Comment définit-on un réseau ? « C'est une façon de réussir à plusieurs ce que l'on ne pourrait faire seul ! »

Que signifie grouper ? C'est mettre ensemble des personnes qui ont des affinités et qui poursuivent des buts communs.

En 1974, l'idée d'un tel groupement était peut-être « folle », comme le mentionnent encore aujourd'hui les fondateurs, mais maintenant elle est dans l'air.

---

**La mission du Groupement en 1999**

Rassembler des chefs d'entreprise qui profitent de l'expérience des autres par un ensemble de moyens pour progresser comme chef et réussir leur entreprise.

---

## Conclusion de la première partie

La première partie de cet ouvrage est un abrégé de l'histoire du Groupement des chefs d'entreprise du Québec depuis 1974. Étant en quelque sorte la « biographie » du Groupement, elle décrit et situe les principaux événements.

« Une histoire étonnante et unique » se base sur une présentation des faits résultant d'une analyse en profondeur des archives du Groupement et de rencontres avec diverses personnes pour obtenir leurs témoignages.

En ce sens, la présentation se veut la plus objective possible, même si elle ne peut pas l'être totalement, puisqu'il s'agit de décrire des événements répartis sur une période de 25 ans.

Les parties suivantes s'appuient sur cette présentation historique pour approfondir l'analyse et la réflexion. Par conséquent, mon choix, en tant qu'auteur est plus subjectif. Je formule ma réflexion à partir de ma propre observation, à l'aide de certains modèles théoriques et sur la base de témoignages recueillis auprès de membres anciens ou actuels, d'amis, d'employés et de dirigeants du Groupement.

Il s'agit d'un essai[72] critique prenant appui sur l'histoire du Groupement.

# Deuxième partie

# La vie de club

## Chapitre 8

# Quelques clés pour comprendre le Groupement

Après 25 ans d'histoire, le Groupement des chefs d'entreprise est une organisation dynamique qui souhaite se développer, tout en demeurant fidèle à ses valeurs, à ses idéaux, à sa mission et à son savoir-faire. Le Groupement mise sur la continuité et sur la cohérence.

De cet historique, je retiens un certain nombre de constatations et de questions, voire de leçons qui me semblent importantes pour toute organisation, mais qui sont trop souvent tenues pour acquises.

1.  Au Groupement, on règle les problèmes en continuité avec l'histoire et en respectant la mission évolutive de l'organisation. Il en est de même pour les projets d'avenir. Toute l'histoire du Groupement se caractérise par une cohérence assez étonnante qui se maintient même dans les périodes les

plus difficiles ou les plus troubles. Par exemple, il eut été facile de répondre positivement aux pressions politiques exercées sur le Groupement afin qu'il devienne un porte-parole de la PME ou qu'il agisse davantage comme groupe de pression. Dans ce domaine, les différentes politiques de visibilité et de relations publiques du Groupement sont d'une continuité exemplaire.

Avec diplomatie, les administrateurs et les permanents de chacune des époques du Groupement ont démontré aux membres l'importance de « rassembler pour progresser » plutôt que de « représenter pour revendiquer ». Cette prise de position est fidèle à la mentalité du Groupement, parce qu'elle insiste sur le fait que « l'on doit bâtir au lieu de détruire, on n'est contre personne, mais pour quelque chose avec d'autres ». Cette affirmation des deux vice-présidents du Groupement, Pierre Beaulieu et Benoit Paré, décrit bien l'attitude générale qu'ont adoptée les dirigeants tout au long des 25 dernières années.

J'ai rencontré des membres, d'anciens présidents et l'équipe de permanents du Groupement. Il me semble qu'ils possèdent une caractéristique commune : ils n'aiment pas les rapports de force, et ils apprécient l'action réfléchie qui change les choses progressivement, quitte à reprendre le bâton du pèlerin pour expliquer aux autres que « les idées finissent par changer le monde, qu'il faut se changer soi-même avant de penser à influencer les autres ».

2.    Depuis 25 ans, la mission du Groupement se raffine dans son énoncé et s'adapte à l'évolution des besoins de sa clientèle, mais elle demeure profondément inspirée de valeurs plus humanistes qu'utilitaristes. N'est-on pas en train de faire la démonstration qu'humanisme et utilitarisme ne sont pas

nécessairement incompatibles ? N'indique-t-on pas qu'il existe une voie pour s'opposer à l'individualisme dominant et le remplacer par des valeurs inspirées du bien commun ? « La Route solidaire » n'est-elle pas la voie de l'avenir, même dans le monde des affaires ? J'y reviendrai quand je traiterai des valeurs du Groupement, des entreprises et de la société. L'histoire du Groupement démontre clairement que l'entraide et le partage des expériences et des compétences font progresser les individus et les organisations. Par leurs témoignages, des membres de toutes les époques ont confirmé cette affirmation.

3.  Même si son client est le chef d'entreprise qui valorise avant tout l'action et le concret, le Groupement ne craint pas de lui proposer des voies différentes pour lui permettre de progresser. En congrès ou en réunions interclubs, il n'est pas surprenant de voir ces gens d'affaires discuter de l'importance des paradigmes dans « le développement d'une vision positive de l'avenir » ou de la nécessité « d'une réflexion sur la réflexion ». D'ailleurs, le taux de satisfaction des participants à ces rassemblements est toujours très élevé.

4.  Le Groupement est-il en train de démontrer que « Socrate entre dans les entreprises » ? On y rencontre en effet des membres et des permanents qui tiennent un discours aussi philosophique que pragmatique, tout en s'exprimant avec passion au sujet de leur association. Est-ce dans la nature des personnes qui évoluent dans le Groupement ou est-ce l'effet d'une fréquentation du Groupement ?

5.  L'observateur extérieur attentif est surpris des compétences diversifiées de l'équipe du Groupement, laquelle est composée de gens qui viennent d'horizons multiples. Mais ce qui m'a le plus frappé, c'est le fait que tous les membres du bureau de direction[73] ont une pratique concrète du développement des clubs et de l'aide entre pairs, pivots essentiels de la mission de l'organisation. Cette situation contribue au maintien d'une culture organisationnelle plus cohésive. De plus, 5 des 6 membres du bureau de direction ont plus de 10 ans d'expérience au Groupement, et 3 d'entre eux en ont plus de 16. Dans ce contexte, il est sûrement plus facile d'associer continuité et renouvellement, lesquels sont à la base de tout développement organisationnel.

6.  Depuis toujours, le Groupement cultive l'unique tout en ayant la « préoccupation permanente du membre » qui est le « client central ». En 25 ans, ce mouvement prétend avoir réussi à mettre en place, entre chefs de PME, « un réseau de clubs unique au monde ». Il est impossible de vérifier cette affirmation, mais dans l'état actuel de notre connaissance de ce qui se passe ici ou ailleurs, cela semble vrai. Plus de 100 clubs dans toutes les régions, voilà qui constitue une véritable toile, fort complexe, qui multiplie quasiment à l'infini les possibilités d'interactions formelles et informelles. Certes, ce réseau de clubs favorise les contacts entre les chefs d'entreprise, mais, avant tout, il est un moyen privilégié pour que chacun puisse « profiter de l'expérience des autres pour progresser ». Au fil des années, une formule d'animation a été éprouvée et raffinée pour favoriser l'harmonie entre les membres d'un même club.

Le Groupement aime le chef d'entreprise, l'apprécie et vise la satisfaction de ses besoins. Dans un document, publié en 1999, sur la vision de la réussite au Groupement, on trouve une description de cette « force motrice » qu'est le client :

> **Notre client est le chef d'entreprise[74], propriétaire, des domaines de la transformation et de la distribution à qui nous promettons un club qui lui convient, des rassemblements utiles et applicables, le bon contact et la bonne information à tout coup.**

Le plan stratégique du Groupement, défini pour une période de cinq ans, est coiffé d'une phrase qui en dit long sur la primauté du client : « Nos membres savent où nous sommes, où nous allons, ce que nous ferons, comment et quand nous le ferons [...]. » On vise rien de moins que 100 % de réussite.

La mentalité du Groupement consiste plus que jamais à terminer ce qui a été entrepris avant d'aborder de nouveaux projets. Nombre de planificateurs « stratégiques » devraient retenir cette leçon, eux qui refont sans cesse des plans qui ne se réalisent que rarement.

7. De plus en plus, le Groupement se définit en fonction de trois forces motrices[75] :

> **Nos forces motrices tiennent :**
>
> **à des produits axés sur le partage d'expériences vécues (club, interclubs...),**
>
> **à un client central, chef d'entreprise, et des besoins variés,**

> à savoir faire progresser des personnes entre elles en petits
> groupes pour être leader de réseaux [...]

Voyons maintenant comment se concrétise le concept de réseaux au sein du Groupement. Notons que le club est le premier réseau du membre.

# Le club d'hier
# et celui d'aujourd'hui

C hacun à sa manière, Guy Boulanger et Gaston Bélanger se pas-
sionnent pour le Groupement. Guy Boulanger en est membre
depuis juin 1975, tandis que Gaston Bélanger l'a été au cours
de la décennie 80 jusqu'au moment de la vente de son entreprise.
Maintenant il est responsable régional, donc un employé du Groupement.

## Le regard d'un membre

Guy Boulanger se définit comme un « membre fidèle et assidu » du
Groupement. Pour une courte période, il a été président de son club
dans les Bois-Francs. La vie de club est primordiale pour lui, bien qu'il
assiste aux grands rassemblements quand cela lui est possible. De son
propre aveu, il connaît très peu l'histoire du Groupement, même s'il
est conscient que celui-ci a traversé certaines grandes étapes. Guy

Boulanger définit son appartenance en fonction de la vie de club et de l'entraide mutuelle des membres. Pour lui, le Groupement a été et est avant tout une « source incroyable de ressourcement et de formation ».

Guy est devenu membre du Groupement par l'entremise de son père. Roland Boulanger, qui connaissait bien le ministre St-Pierre, également originaire de la région des Bois-Francs, a décidé d'adhérer au Groupement à la suggestion du ministre. Le père étant déjà membre du Centre des dirigeants d'entreprises (CDE), c'est le fils qui devint le représentant de la compagnie auprès du Groupement. Guy a commencé à travailler dans l'entreprise de son père, fondée en 1942, quelques années après avoir terminé ses études universitaires. En 1973, un incendie détruisit leur usine de Warwick. Après la reconstruction, la reprise des affaires ne se fit sentir qu'au cours de l'année 1975. « Alors que tout le monde avait profité de la croissance économique du début des années 70, nous, nous étions sur le dos », raconte Guy. En 1976, à la suite du décès de son père, et « bien formé par celui-ci », il se retrouva à la tête de l'entreprise[76], mais il se sentait très seul. À propos du Groupement, Guy Boulanger est clair et affirmatif :

> Le Groupement est aussi bénéfique pour moi que pour mon organisation parce que la méthode de travail me convient et elle est pertinente au travail d'un dirigeant. De plus, le Groupement est toujours à l'avant-garde dans les sujets de réflexion qu'il nous propose. C'est étonnant tout ce que j'ai implanté dans mon entreprise provenant d'idées ou de suggestions faites par les membres de mon club et par les autres membres ou les experts rencontrés au cours des rassemblements provinciaux.

Selon Guy Boulanger, la vie de club[77] ne s'est pas beaucoup transformée durant 25 ans. « Le bon club d'aujourd'hui est le même bon club d'hier et répond aux mêmes critères de santé », affirme Guy. Pour lui, au cours de chaque rencontre, la seule question essentielle demeure toujours la même : « Est-ce que cette rencontre nous est profitable ? »

Avec l'expérience, Guy constate qu'une rencontre de club est souvent moins riche quand les sujets de discussion sont trop « pointus ».

> Par exemple, je ne suis pas sûr que discuter de la meilleure méthode pour percevoir des comptes impayés soit profitable. Cela peut se régler en dix minutes. Cependant quand un membre du club nous explique les conséquences d'une diversification mal orientée de ses affaires, alors nous touchons à des éléments essentiels de la vie d'un dirigeant. Nous abordons le problème des valeurs qui nous poussent à agir et nous traitons de nos motivations. Le témoignage de la personne qui a vécu la situation l'aide à voir plus clair dans celle-ci et il permet à chacun des membres du club de se situer et de réagir pour lui-même. Cela nous donne souvent une toute nouvelle vision des choses. Comme on nous l'a souvent dit lors des congrès et des colloques du Groupement, il faut arriver à parler des vraies affaires. Et c'est tout un apprentissage.

Selon Guy, parler des valeurs, c'est discuter en profondeur des succès, des problèmes, des préoccupations ou des projets du dirigeant. Quand on lui demande s'il est plus facile aujourd'hui qu'hier d'échanger sur de tels sujets, il répond : « Au cours des années 70, en affaires, la fermeture n'était pas juste sur les valeurs, mais sur tout. » Aujourd'hui, le contexte favorise davantage les échanges sur un plan philosophique, mais cela débouche sur la pratique. Avec le temps, il a appris que les valeurs dites comptables ne sont pas incompatibles avec les valeurs humaines qui motivent le chef à diriger autrement. Dans cette perspective, le Groupement lui a permis de rencontrer de nombreux chefs d'entreprise ayant une vision nouvelle du management : « Quand tu discutes avec un Bernard Lemaire au cours d'une réunion et qu'il te présente sa vision personnelle des choses, tu sens que tu vis des moments privilégiés qui vont influencer ta propre gestion ! »

En 1999, selon Guy Boulanger, la vie de club est aussi nécessaire qu'auparavant parce que le dirigeant fait toujours face à la même solitude. En outre, il subit toujours autant de pression parce que dans une entreprise, « il y a toujours quelque chose qui ne va pas, qui bloque quelque part, et à n'importe quelle heure ». Et que dire de la notion de temps en affaires : « Maintenant, il faut réaliser en six mois, sur un plus vaste territoire, ce qui prenait trois années auparavant ». D'une année à l'autre, le tempo devient de plus en plus infernal, ce qui oblige le dirigeant à prendre dans des délais très courts des décisions sur des problèmes complexes qui concernent souvent des centaines de personnes. Tout cela exerce une pression de plus en plus forte sur le décideur.

> Alors, le club est une oasis qui permet de prendre de la distance et de se rappeler, entre nous, des choses essentielles qu'on a tendance à oublier dans le feu de l'action.

Guy insiste beaucoup sur l'importance de cette déclaration. On peut prétendre que le dirigeant doit se préoccuper de sa vie personnelle, qu'il doit prendre le temps de vivre, qu'il doit maintenir des relations chaleureuses avec sa famille immédiate, qu'il doit se ménager des moments de réflexion, qu'il doit s'ouvrir aux autres, il n'en reste pas moins que la fébrilité de la vie quotidienne en affaires « n'invite en rien à faire attention à toutes ces choses essentielles ». Dans ces conditions, le club « nous rappelle ce qu'on peut oublier, il nous aide aussi à avoir conscience qu'on est en écart, qu'on n'est pas toujours des exemples pour notre organisation, qu'on devrait davantage faire attention à soi et aux autres ». Après de nombreuses années passées avec les mêmes membres dans un club, on vient à sentir ces « écarts » sans avoir à les exprimer. À ce moment-là, « on prend conscience qu'on se sent à l'aise dans son club parce qu'il y a de l'ouverture et de la complicité ».

Quand on interroge Guy sur les modalités d'organisation des clubs, il affirme que le Groupement a fait les bons choix dans ce domaine. Pour lui, le club homogène est essentiel en raison de l'harmonie particulière qu'il favorise :

> Le Groupement a fait le choix de servir le chef d'entreprise : on l'est ou on ne l'est pas. Oui, un chef pourrait, par exemple, déléguer son comptable ou son contrôleur, mais ce n'est plus la même rencontre. C'est peut-être valable, mais c'est autre chose. Le Groupement croit dans la formule des clubs homogènes et elle produit les résultats attendus. Évidemment qu'on peut faire autrement. Tout peut être fait autrement. Mais les résultats seront nécessairement différents.

« C'est beau de voir un jeune qui démarre une entreprise avec l'énergie et la passion de celui qui a décidé d'aller de l'avant, malgré tous les obstacles », commente Guy Boulanger quand il parle de la place des jeunes dans le Groupement et dans les clubs. Quelquefois, il pense à une formule de club qui intégrerait davantage les jeunes et les « plus vieux » chefs d'entreprise. Habituellement, « cela fait une belle combinaison » parce que les jeunes profitent de l'expertise de chefs d'expérience, tandis que ceux-ci redécouvrent chez les premiers la passion qu'ils ont quelque peu perdue avec le temps.

## Le regard multiple

Au Groupement, Gaston Bélanger est probablement un cas unique. Avant tout, il est un entrepreneur très engagé dans le développement économique de sa région, la Côte-Nord. Il a rempli trois mandats comme président de la chambre de commerce de son milieu. En 1996, il est nommé personnalité d'affaires de la Côte-Nord.

En 1981, Gaston est devenu membre du Groupement en adhérant au club de Baie-Comeau, alors présidé par Marius Robitaille. Gaston est attiré par le Groupement en raison de son dynamisme et de la qualité de certaines personnes rencontrées au cours d'une tournée de promotion dans son milieu. Quand les présidents Gilles Lefebvre et Marc Ruel présentent leur conception de l'aide entre chefs d'entreprise, Gaston est immédiatement séduit.

Quelque temps plus tard, Gaston devient président de son club et est nommé administrateur au conseil d'administration du Groupement. À ce titre, il travaille au développement de l'Entraide-PME qui, selon lui, « est un outil extraordinaire ». Comme membre du conseil d'administration, il participe au virage du début de l'année 1989 : « Un moment très difficile, mais absolument nécessaire », affirme-t-il encore aujourd'hui. En 1989, il profite du vent de diversification qui souffle sur les entreprises pour vendre la sienne à la suite d'une offre alléchante venant de Guillevin international. En janvier 1997, il reçoit un appel de Michel Bundock lui proposant un poste de représentant du Groupement dans sa région. Gaston avoue qu'il n'avait jamais rêvé de devenir responsable régional, mais l'offre lui plaît parce qu'il aime les entrepreneurs et qu'il croit beaucoup au Groupement.

Globalement, l'expérience de Gaston le mène à faire sensiblement la même analyse que Guy Boulanger : « Il n'y a pas tellement de différence entre le club d'hier et le club d'aujourd'hui. » Cependant, il affirme que, aujourd'hui, « on a une formule éprouvée qu'on peut enseigner aux autres ». Il estime que cette transmission est importante, bien qu'elle comporte également des risques, notamment celui de ne pas laisser le temps aux membres d'un club de faire leurs propres essais et erreurs, nécessaires à tout apprentissage naturel : « Oui, aujourd'hui, on peut gagner du temps en enseignant la formule, mais il ne faut pas oublier que l'animation doit devenir un réflexe, et non pas seulement une recette, si attrayante soit-elle ! »

Pour lui, un bon club rapproche les membres, et le Groupement doit vivre pour ces mêmes membres : « C'est pas compliqué. Il faut que le membre soit satisfait. C'est lui le client. » Gaston Bélanger n'hésite pas à faire une analogie entre le Groupement et l'entreprise :

> Je crois avoir réussi en affaires parce que j'avais le culte du client. Il est sacré. On travaille sur le besoin de celui-ci. On se dédie au client. J'ai été heureux en affaires parce que j'aimais mon client. Aujourd'hui, je suis heureux comme responsable régional parce que j'aime encore mon client qui est le chef d'entreprise qui s'inscrit à un club. Et je suis encore plus heureux quand il me considère comme membre de son club, même si techniquement cela n'est pas possible.

Toutefois, Gaston Bélanger ne croit pas que le Groupement convienne à tous les chefs d'entreprise : « On peut être un excellent chef d'entreprise, mais être incapable de travailler dans la mentalité du Groupement », affirme-t-il.

Ce qui est vrai du Groupement est également vrai pour toutes les associations qui exigent une participation active et continue de ses membres. La mentalité différencie une culture organisationnelle d'une autre. Quand un employé affirme ne pas aimer la mentalité de son entreprise, il confirme que la culture de celle-ci ne lui convient pas. On ne peut pas être à l'aise et efficace dans toutes les cultures organisationnelles.

## Les constantes dans la vie de club

Benoit Paré, Michel Bundock et Pierre Beaulieu ont une vaste expérience de la vie de club. Beaulieu est considéré comme le « bâtisseur » de la formule d'animation actuellement suggérée aux clubs, mais il reconnaît lui-même les contributions essentielles de l'équipe de la permanence et des présidents de club qui ont expérimenté différentes formules depuis la fondation du Groupement. Pendant nombre d'années, les clubs ont été de véritables « laboratoires » d'expérimentation.

En discutant avec ces trois dirigeants et en examinant les différents documents qui explicitent la « formule du Groupement », on voit apparaître certaines constantes fondamentales dans la vie de tout club.

1.  Habituellement, un club entraîne des insatisfactions quand sa raison d'être est floue et changeante.

2.  Lorsque l'animation est déficiente, le club n'est pas toujours en mesure d'offrir tout ce qu'il pourrait.

3.  La formule réussit quand certains « ingrédients » de base sont présents :

    • Il faut être ouvert à se connaître et à connaître les autres.

- Il faut connaître les autres avant d'accepter de leur faire confiance.

- Il faut s'assurer entre membres de la confidentialité des propos.

- Il faut apprendre à parler de soi-même et de son entreprise ; les échanges sur des généralités produisent peu de résultats.

4. L'intimité dans un groupe se crée progressivement et cela prend du temps. Cette intimité est souvent plus facile à acquérir dans les clubs en région que dans ceux des grands centres.

5. Tous les clubs franchissent les mêmes phases, mais d'une manière différente. Un club peut prendre plusieurs années avant d'atteindre sa maturité. Celle-ci apparaît quand les membres peuvent se dire « les vraies affaires », sans détour et avec profondeur. Elle se maintient quand les membres se centrent sur un processus de résolution de problèmes et quand ils ressentent et admettent que « cela leur fait du bien de se réunir » et qu'ils apprennent.

6. Il est essentiel que les clubs soient souverains. Cependant, rien n'empêche le Groupement de les informer de certaines règles ou procédures qui augmentent la satisfaction des membres. De plus, cette autonomie des clubs n'enlève pas au Groupement sa responsabilité de leur offrir « un savoir-faire ».

7. Le club est un micro-réseau. Le Groupement n'est pas une addition de clubs. Il est l'interaction de tous ces petits réseaux. L'idée des relations entre les réseaux repose sur la multiplication des échanges : chaque regroupement produit une synergie différente. Ainsi, les réunions interclubs apportent beaucoup parce que les combinaisons sont multiples. On a conscience qu'on commence à peine à saisir toutes les facettes de la multiplication des réseaux formels et informels. Le réseautage est un phénomène complexe, « mais qui ne doit pas devenir compliqué pour le membre », explique Claude Beauregard, responsable de ce développement. À cet égard, au Groupement, l'empirisme teinte l'attitude des développeurs de réseaux et avant de généraliser ou d'implanter une formule, on la teste dans un projet pilote.

Yves Rancourt[78], un ami fidèle du Groupement, confirme la nécessité de ce type de groupe, de ces micro-réseaux, pour le progrès des chefs d'entreprise. Ainsi affirme-t-il, quasiment sous la forme d'un hommage :

> Si je devenais chef d'entreprise demain matin, une de mes premières préoccupations serait de m'inscrire à l'un des clubs du Groupement. Celui-ci m'a tellement influencé même en n'étant pas membre, alors j'ai la certitude que le club et les réseaux contribueraient à ma réussite en affaires.

# Chapitre 10

# L'expression d'une crainte

Lorsque j'ai commencé la recherche sur le Groupement, j'avoue que j'éprouvais un certain scepticisme, non pas sur la formule du club, mais sur sa composition et sur sa politique d'acceptation. En d'autres mots, je remettais en question l'homogénéité du club, non pas à cause de principes philosophiques, mais en raison de ma propre pratique des groupes.

Pour m'aider à bien comprendre les choix méthodologiques et organisationnels du Groupement, j'ai posé la même question à tous les interlocuteurs : « Pourquoi l'homogénéité du club est-elle nécessaire ? » Comme vous l'avez constaté à la lecture des pages précédentes, la réponse est unanime : c'est la seule façon d'obtenir l'harmonie nécessaire pour aller en profondeur dans les sujets d'échange et dans le partage des expériences.

Voulant dépasser l'empirisme, je me suis référé à quelques études sur le sujet pour bien saisir les mécanismes d'un tel groupe. Kurt Lewin ne disait-il pas que « rien n'est plus pratique qu'une bonne théorie » ?

## La théorie sur les groupes

En psychosociologie, on dit qu'un club tel qu'il est défini par le Groupement est un groupe primaire restreint. Un groupe de cette catégorie a ses caractéristiques propres, différentes de celles du groupe secondaire de plus forte taille.

Entre 1940 et 1980, des milliers d'études ont été menées sur la dynamique des groupes restreints, et nombre de sciences sont nées dans le sillage. Voyons quelques définitions issues de ces travaux[79] :

### Le groupement

Il y a groupement quand des personnes se réunissent ensemble, en nombre petit, moyen ou élevé (plusieurs dizaines ou centaines, rarement plusieurs milliers), avec une fréquence de réunions plus ou moins grande, avec une permanence relative des objectifs dans l'intervalle des réunions.

Dans un tel groupe, la conscience des buts est souvent claire pour l'équipe permanente, mais elle l'est moins pour les membres.

### Le groupe primaire restreint

Le groupe primaire restreint se définit « par le nombre restreint de membres, tel que chacun puisse avoir une perception individualisée de chacun des autres, être perçu réciproquement par lui et que de nombreux échanges interindividuels puissent avoir lieu ».

D'autres caractéristiques s'ajoutent à cette définition :

- des relations affectives pouvant devenir intenses entre les membres ;

- une forte interdépendance des membres et sentiments de solidarité ; union morale des membres ;

- la nécessité que certains assument des rôles d'animation quand des buts plus formels sont recherchés ;

- lorsque le groupe existe durant une longue période, la constitution de normes, de croyances et de rites.

Dans un tel groupe, la conscience des buts est le signe d'une forte maturité. Les membres d'un groupe primaire restreint ne cherchent pas spontanément à se rassembler en groupement ou dans un autre type d'organisation.

### Le groupe secondaire

Dans un groupe secondaire, les relations entre les membres sont froides, impersonnelles, contractuelles, fonctionnelles et formelles. Les objectifs du groupe priment ceux des individus. Ces caractéristiques sont le propre des organismes de pression. Dans un tel groupe, tout est planifié et les procédures dominent les échanges et les débats.

Donc, le club « souverain » est un groupe primaire restreint qui devient l'une des cellules composant le groupement lui-même. La vie de club correspond aux règles de la dynamique des groupes restreints, tandis que le Groupement se développe selon les règles de la vie associative. En associant ces deux modes d'organisation, le Groupement des chefs d'entreprise du Québec (GCEQ) a créé une dynamique originale, novatrice et peut-être unique.

### L'homogénéité

La sociométrie de J.L. Moreno et la dynamique des réseaux d'affinités de R. Tagiuri nous seront utiles pour comprendre la notion d'homogénéité. Mais, d'abord, voyons en quoi consiste l'approche de ces deux chercheurs.

Moreno est le créateur de la sociométrie, qui consiste à étudier les réseaux dans tous les types de collectivité[80], tandis que Tagiuri a élaboré une approche dérivée de la première : l'analyse relationnelle. Pour Moreno, les êtres humains sont reliés les uns aux autres par trois relations possibles : la sympathie, l'antipathie et l'indifférence. À l'aide de différents outils, Moreno et Tagiuri établissent une radiographie des liens socio-affectifs à l'intérieur d'un groupe primaire ou secondaire : le sociogramme est la représentation graphique de cette étude. Les configurations qui apparaissent expliquent les phénomènes de groupe. Dans un groupe hétérogène, certains individus apparaissent comme leaders parce qu'ils sont choisis par un très grand nombre de personnes, alors que d'autres sont des favoris ou des négligés, des rejetés, des solitaires et des isolés. L'examen du sociogramme permet d'entrevoir, par exemple, des chaînes de sympathie ou d'antipathie. Il va sans dire qu'une chaîne de sympathie est plus propice à une bonne communication qu'une chaîne d'antipathie et qu'une chaîne d'indifférence laisse deviner une absence de communication.

Pédagogiquement, l'intérêt d'un tel outil est de créer des groupes de travail axés sur la cohésion sociale ou morale. Mais les applications sont multiples. Par exemple, en usine, il est possible de créer des équipes de travail renforcées par « un rapprochement des sympathies et la dispersion des antipathies ». On peut former des équipes de superviseurs en fonction des préférences sociométriques ou encore constituer des équipes de travail autonomes en se basant sur les chaînes naturelles de communication.

Dans le langage de Moreno, le club préconisé au Groupement est un groupe restreint affectivement homogène parce que les membres se sont, théoriquement, mutuellement choisis. Autrement dit, « nous travaillons ensemble par consentement mutuel et personne ne peut s'introduire dans notre groupe sans notre accord », ce qui représente un indice relationnel théoriquement parfait parce qu'il se fonde sur des liens réciproques. Sur ce plan, le club est constitué aussi de personnes ayant le même statut social : tous sont des chefs d'entreprise. Ici, le concept de pairs est associé à un statut social attribué et assumé dans une entreprise. Donc, le club est aussi socialement homogène.

Quelle était donc ma crainte à l'égard du club, et non pas à l'égard du Groupement ? Celle d'y trouver un clan mû par une même communauté d'intérêts, ce qui est très acceptable en soi, mais entretenant une fermeture, voire une méfiance, à l'égard de la différence. On peut dire que « ce qui se ressemble s'assemble » ; il n'en demeure pas moins que l'hétérogénéité est la base de notre vie en société et que l'homogénéité y est relativement artificielle.

Ma méconnaissance de l'historique du Groupement était pour une certaine part à la base de cette crainte. Au fur et à mesure que j'ai scruté cette étonnante histoire, j'ai non seulement pris conscience de la grande liberté laissée à chacun des clubs, mais j'ai surtout compris, en ayant de longues conversations avec des personnes membres et des dirigeants du Groupement, que ces gens sont motivés par l'émergence d'un monde meilleur et qu'ils ont la conviction d'y contribuer en s'améliorant par leur participation à un groupement de ce type.

En outre, j'ai pu constater que ces gens rejettent les idéologies contraignantes qui entravent la liberté personnelle. Ma crainte de voir le club sélectionner les membres en fonction des valeurs des individus s'est complètement estompée. Le club est affectivement et socialement homogène, mais il est hétérogène sur le plan de la personnalité des individus qui le composent et des valeurs personnelles qui inspirent ces personnes. Dans ce contexte, les différences individuelles et les divergences d'opinions persistent et elles sont le signe d'un pluralisme assumé. Tous n'ont pas le même itinéraire et tous n'ont pas les mêmes expériences de vie.

Enfin, ma crainte s'est complètement résorbée quand les dirigeants actuels du Groupement m'ont affirmé qu'ils désiraient que cet ouvrage ait une dimension critique à l'égard de leur organisation. Ils souhaitaient que l'auteur maintienne une distance critique à l'égard du Groupement en présentant une analyse extérieure à celui-ci. Quand on constitue un clan fermé, on ne fait pas une telle demande. J'y reviendrai dans l'épilogue de cet ouvrage.

Cette liberté critique qui est donnée à l'auteur n'empêche pas celui-ci de reconnaître la valeur des individus qui osent entreprendre et qui persévèrent dans leur projet, même si, souvent, ils sont près de hisser le drapeau blanc devant les difficultés et la solitude avec lesquelles il n'est pas toujours facile de composer.

# TROISIÈME PARTIE

# « PROFITONS DE L'EXPÉRIENCE DES AUTRES »

# Chapitre 11

# Le « Je » et le « Tu »

## L'expérience de la solitude

Le chef d'entreprise n'a pas le monopole de la solitude. Et la solitude n'est pas une calamité. Dans toute vie personnelle et professionnelle, une part de solitude est nécessaire. Elle pose un problème quand elle devient repli sur soi et fermeture aux autres, quand elle s'exprime par le refus de demander un avis dans des moments difficiles, quand elle altère la perception de la réalité, etc.

Dans une PME, il arrive que le chef éprouve un sentiment de solitude parce qu'il est le seul à exercer cette fonction. Certes, il peut gérer selon des règles démocratiques et faire participer ses cadres et ses employés au processus de décision, mais il doit prendre seul et assumer certaines décisions, même après avoir consulté plusieurs personnes.

Récemment, au moment du lancement de son livre *Passage obligé,* Charles Sirois mentionnait que, même au sein d'une très grande entreprise, il vivait ce phénomène. À quelques mots près, il disait : « Quand un problème ou un projet arrive sur mon bureau, c'est parce que personne dans toute la structure n'a réussi à le régler d'une manière satisfaisante. Alors imaginez-vous la nature des décisions que je dois prendre et les délais que j'ai pour le faire ! »

Nombre de chefs d'entreprise se souviennent de temps difficiles au cours desquels ils ont dû se battre pour survivre — ce qui arrive, précisent-ils, dans toutes les organisations. À ce moment-là, les proches de l'entreprise manifestent un certain rejet, voire de l'antipathie à l'égard du chef ; alors, ce dernier se sent de plus en plus seul, presque « honteux de provoquer autant de problèmes qui nuisent à la quiétude de tout l'entourage ». Cette situation est d'autant plus difficile si le chef d'entreprise est installé dans une petite localité, car son entreprise est souvent totalement intégrée à son environnement. « Je me souviens que, même en faisant mon épicerie, je voyais les gens de ma petite ville qui m'observaient et je croyais qu'ils se demandaient comment il se faisait que je pouvais payer en passant à la caisse. Dans ces moments-là, tu te sens à la merci de tous les jugements de valeur possibles provenant des autres. »

La solitude n'est pas le propre des chefs d'entreprises manufacturières. Par exemple, en discutant avec la patronne ou le patron des petits commerces que vous fréquentez, vous constaterez que, malgré un service attentionné à la clientèle et une bonhomie non feinte, ces gens vivent de l'isolement même s'ils rencontrent quotidiennement des centaines de gens : ils ne trouvent personne avec qui partager réellement leurs préoccupations.

Être entrepreneur, c'est, dit-on, « avoir de la vision et c'est aussi avoir un certain goût du risque ». Mais je crois qu'il faut également, et peut-être de plus en plus, une certaine tolérance vis-à-vis de la solitude. Ainsi, tout entrepreneur vit une solitude intense quand il part avec son bâton de pèlerin pour convaincre les autres de la pertinence d'un projet, quand il se rend compte des obstacles à franchir et quand il prend conscience du fait que les autres n'éprouvent pas le même emballement que lui ; il se sent alors vraiment « seul au monde ». Néanmoins, le désir de réalisation animant tout être qui ose entreprendre l'emporte sur les autres sentiments.

Le constat de la solitude inhérente à l'entrepreneurship ne libère pas de la nécessité d'en limiter les effets quand il est possible de le faire. « En affaires, la solitude nous change, quelquefois elle nous mine de l'intérieur, mais le club et le réseau contribuent à limiter les dégâts », ont soutenu nombre de membres du Groupement au cours d'une discussion sur le sujet.

« Brisons la solitude », disaient les fondateurs du Groupement. Aujourd'hui, on peut affirmer que, même si la solitude existe toujours, au moins une formule a été mise au point pour la rendre plus dynamogène. À la base, l'approche du Groupement consiste en une interaction du « Je » et du « Tu », qui se concrétise autour du slogan : « Profitons de l'expérience des autres ».

Tout au long de l'aventure humaine, les philosophes et les poètes ont réfléchi et continuent de réfléchir sur la solitude et sur les rapports avec autrui. Ces thèmes sont des préoccupations universelles qui transcendent les époques et les cultures.

Je suis par rapport à autrui. Face à lui. Avec lui. Grâce à lui,
autrui étant celui avec qui je sors de la solitude, du silence et
de l'anonymat. [...] Car, quand je suis, je ne suis jamais seul. Je
suis toujours en situation. »

Martin Buber, *Je et Tu*, 1923

Au Groupement, la vie de club est le pivot de la formule interactive
fondée sur la contribution de tous les membres. Un club en santé est un
groupe dont les membres se rencontrent avec régularité, qui trouve un
équilibre entre le « Je » et le « Tu » et qui progresse plus ou moins rapidement vers le « Nous » sans exclure les deux premiers termes.

Les rencontres sont des temps forts, parce que les réflexions, les relations, l'entraide et l'information sont « bien ajustées aux besoins qu'ont
établis les membres ». Le « coup de pouce » est un outil supplémentaire pour aider le chef d'entreprise quand il vit des préoccupations ou
quand il veut recevoir un avis sur une situation ou un problème. Sans
cesse, toutefois, l'équipe du Groupement est à la recherche de nouvelles formules interactives visant à soutenir le membre pour qu'il progresse comme chef d'entreprise, et ce, selon ses propres désirs et ses
propres besoins, et dans un club qui convient à son cheminement.

**Chapitre 12**

# La multiplication des services au chef d'entreprise

### Les réseaux d'intervenants économiques

Le Groupement a su concrétiser l'idée d'une équipe d'intervenants économiques temporaire, souple, mobile et légère pour épauler le chef d'entreprise dans un projet de développement nécessaire à la progression de son entreprise.

Comment est né et comment se déploie le « Service Express » ? À partir de 1996, à la suite d'une entente avec le DEC (Développement économique Canada), le Groupement[81] expérimente un processus d'amélioration des services offerts par les intervenants économiques[82] à leur clientèle d'entreprise.

Dans une première étape, les intervenants sont invités à se réunir et à s'entraider selon la formule longuement éprouvée par le Groupement. De cette façon, « ils profitent de l'expérience des autres intervenants pour être de meilleurs intervenants ». Ils se réunissent pour eux et entre eux, et non pas pour régler des dossiers particuliers. Leurs réunions fonctionnent comme dans les clubs, c'est-à-dire qu'il y a un seul membre d'une organisation par réseau.

La mise sur pied de réseaux s'est effectuée par un projet pilote dans la région 04, projet qui a contribué au démarrage[83] de huit réseaux d'intervenants. Voyons quels sont les résultats d'une telle initiative[84].

Premièrement, il est important de mentionner un résultat global : la « technologie de l'entraide » mise au point par le Groupement à l'intérieur de la vie de club s'applique dans d'autres domaines et dans d'autres contextes. Ainsi, le développement d'un réseau d'intervenants passe par des étapes similaires à celles d'un club, et la santé d'un réseau satisfait sensiblement aux mêmes critères. Deuxièmement, par une évaluation régulière[85] des acquis et des apprentissages, les membres de ces réseaux d'intervenants constatent certains « profits personnels » ayant des effets sur leur travail respectif :

1. L'intervenant se sent moins seul dans son rôle, moins isolé, plus lié à d'autres intervenants qui lui ressemblent.

2. L'intervenant découvre de nouveaux moyens qui lui sont utiles et qui sont utiles à son organisation. Par exemple, une attitude à changer, un moyen pour gagner du temps.

3. Peu à peu, l'intervenant apprend à évaluer ses forces et ses faiblesses tout en se sentant égal aux autres. De plus, il connaît mieux les autres intervenants économiques, les organismes et les services des différents ministères.

4. L'intervenant se sent plus motivé et ressourcé.

5. L'intervenant voit plus clair et plus large dans ses orientations et il est plus confiant dans ses décisions.

6. L'intervenant devient plus créatif, plus innovateur. Par exemple, les échanges du groupe stimulent ses idées et ses projets personnels. Le dynamisme du réseau l'engage à innover.

7. L'intervenant constate l'amélioration de ses relations, par exemple avec son personnel, ses clients, ses patrons, sa famille (plus d'ouverture, de réceptivité, etc.).

8. Dans la vie d'un réseau, l'entraide permet à l'intervenant d'apprendre à raconter tant ses « bons coups » que les moins bons. Il apprend à vivre la confiance, l'autonomie, l'ouverture, le respect, l'écoute, le non-jugement, la vérité.

9. L'intervenant apprend à recevoir, à se laisser aider et à se laisser appuyer, mais aussi à aider, à appuyer et à donner.

10. L'intervenant fait l'expérience de s'engager dans des relations avec d'autres et de vivre un « Nous ».

Cette expérience est profitable pour les intervenants qui y participent tout en étant riche d'enseignements pour le Groupement. Après une évaluation serrée, la formule du réseau d'intervenants conduit à la mise au point d'un nouveau moyen pour le chef d'accélérer la réalisation d'un nouveau projet, soit le Réseau Express.

## Le Réseau Express

Dans son principe et dans sa méthode, le Réseau Express est particulièrement innovateur tout en restant d'une très grande simplicité. Dans le contexte normal des affaires, quand un chef d'entreprise pense à un nouveau projet, il part à la rencontre de différents intervenants socio-économiques pour obtenir diverses formes de soutien tout en souhaitant avoir trouvé la bonne personne-ressource. D'un rendez-vous à l'autre, il présente son projet. Il entreprend une tournée de promotion et, à chaque arrêt, chacun des intervenants pose ses exigences et fait son analyse sans tenir compte de celles des autres. Sans cesse, le chef de PME redéfinit son projet pour le rendre conforme aux exigences de chacun. Dans un tel contexte, les intervenants ne se rencontrent jamais. L'aide à la réalisation du projet est morcelée, sans aucune forme de concertation. Le rôle du chef de PME est de tirer avantage de toutes ces personnes sans pour autant dénaturer son idée de départ. La notion du « guichet unique de services » n'existe pas.

Le concept de réseau express inverse le processus habituel si souvent décrié. À la demande du chef et après une clarification préliminaire de son idée auprès d'un « chargé de projet », le Groupement joue son rôle de « réseauteur » en constituant une équipe « sur mesure » d'intervenants économiques autour du chef d'entreprise ; au cours d'une réunion, celui-ci présente son projet une seule fois à plusieurs intervenants : tous reçoivent la même information, en même temps et de la même manière, et ils peuvent prendre conscience du fait que leurs rôles respectifs sont interreliés. Par la suite, le processus de soutien se met en place selon des règles conjointement acceptées. Chaque intervenant du réseau s'occupera de la partie du projet qui le concerne selon ses compétences, ses talents et son mandat.

On dit que cette équipe sur mesure est temporaire, souple, mobile et légère. À la limite, sous la coordination du responsable régional ou du directeur des régions, une nouvelle équipe est constituée pour chacun des projets présentés. Cette formule accélère, simplifie et personnalise le soutien au développement économique.

Selon le cadre d'intervention proposé par le Groupement, « un réseau express n'a pas de structure légale, ni de lieu physique. Il naît avec un projet et se dissout avec la livraison du projet. » Ainsi, le cadre d'intervention est formel, puisqu'il comprend des étapes définies et que certains types de projets admissibles sont inventoriés, mais le réseau lui-même est informel, puisqu'il n'est pas constitué à l'avance ni imposé au chef d'entreprise, car celui-ci choisit avec le chargé de projet les membres du futur réseau. De plus, le réseau est virtuel, car « de nouveaux intervenants pourront s'ajouter au besoin, comme certains pourront se retirer une fois leur mission accomplie ». Le réseau express est « une démarche centrée à cent pour cent sur le client qui permet de concerter les actions des intervenants ». De plus, trois fois par année, grâce aux rassemblements des présidents de club et des intervenants économiques, l'ensemble du service express s'ajuste aux réalités nouvelles.

Ce service sans frais pour le membre connaît une popularité croissante[86] et donne un taux de satisfaction très élevé. Aujourd'hui, des institutions extérieures au Groupement s'en inspirent pour concrétiser l'idée de « guichet unique inversé au service du client ». Mais l'approche du Groupement demeurera unique tant qu'elle ne sera pas bureaucratisée et aussi longtemps qu'elle sera totalement centrée sur le client. Autrement dit, tant et aussi longtemps qu'il existera des passerelles entre tous les services du Groupement, les réseaux de toutes sortes se multiplieront et gagneront en diversité et en profondeur.

Bien que les idées qui naissent dans une structure en réseaux formels et informels soient souvent imprévisibles, elles répondent généralement à des besoins profonds et elles sont innovatrices. En ce sens, l'approche du Groupement est prometteuse, puisqu'elle prend sa source dans une tradition enracinée : la vie de club dans l'échange, le partage et l'entraide. Quand ces valeurs inspirent chacun des clubs, des inter-clubs, des événements rassembleurs et tous les réseaux hors club, l'avenir est sous le signe de la continuité et de la cohérence.

En fait, même si cela est difficile, par la seule volonté et la seule motivation de ses membres, un club peut exister et faire œuvre utile sans le soutien du Groupement, mais celui-ci ne peut pas se développer sans son réseau de clubs qui l'alimente à la source.

Le Groupement perdrait alors son âme.

## Tableau 1

## Synthèse de l'approche globale du Groupement

| LES ACTIONS ATTENDUES DU MEMBRE | LES RÉSULTATS RECHERCHÉS | LES ACTIONS ATTENDUES DU GROUPEMENT |
|---|---|---|
| Gérer le club et l'alimenter | ←——————→ | Grouper les membres en clubs sur mesure et développer la formule |
| Accepter d'être aidé et d'aider | **PROGRESSER** | Rassembler |
| Interagir | **ET** | Servir le client par une diversité de produits |
| Partager | **RÉUSSIR** | |
| Apprendre | | Réseauter |
| Offrir ses ressources pour le «coup de pouce» et pour l'entraide | | Informer les membres |
| | | Soutenir le conseil d'administration et les comités |
| Évaluer le club | | |
| Orienter le Groupement | | Formuler de nouvelles avenues à proposer aux membres |
| Participer aux rassemblements collectifs | ←——————→ | |

## «PROFITONS DE L'EXPÉRIENCE DES AUTRES»

## Chapitre 13

# Profitons de l'expérience du Groupement

En relatant l'historique du mouvement, en situant les principales périodes vécues dans le monde des affaires depuis 25 ans et en présentant les fondements et les pratiques de vie des clubs et des réseaux proposés par le Groupement, je vous décris une manière de faire inspirée de certaines valeurs humanistes.

Selon moi, cette histoire mérite d'être racontée, parce qu'elle nous ouvre à une vision assez différente de celle que l'on a généralement du monde des affaires. De cette histoire, on peut retenir la nécessité de briser la solitude et la conviction que l'entraide, le partage et l'apprentissage favorisent l'amélioration personnelle et organisationnelle. Il serait donc utile d'examiner les possibilités d'appliquer cette approche dans d'autres secteurs d'activité.

Mettons en pratique le slogan du Groupement en profitant de l'expérience de celui-ci pour l'utiliser dans nos propres affaires.

Par exemple, serait-il possible d'utiliser la formule élaborée par le Groupement afin de former des clubs de pharmaciens propriétaires associés à la même bannière commerciale, qui se réuniraient dans le but de s'améliorer « humainement et techniquement » ? Ou de grouper des fonctionnaires ayant des responsabilités similaires, mais provenant de différents ministères ? Ou de rassembler des écrivains qui cherchent à briser leur solitude respective en partageant leurs expériences professionnelles et personnelles ?

Certains prétendront avec raison que l'idée des groupes de partage et d'entraide n'est pas le propre du Groupement. De tels groupes existent depuis longtemps dans les organismes communautaires et dans les milieux thérapeutiques ou médicaux. Cependant, il existe certaines différences entre ces groupes et le Groupement.

## La différence entre les groupes d'entraide et le Groupement

Généralement, même si ces groupes sont souvent animés par des professionnels de l'intervention, ils doivent s'autogérer en s'inspirant des valeurs de respect pour tous, de compassion et de solidarité tout en faisant une large part à l'expérience vécue par chacun des participants. On compte sur la richesse du groupe pour aider et soutenir chacun.

Toutefois, la plupart de ces groupes sont provisoires[87] : ils durent le temps nécessaire pour une thérapie particulière, pour la prise en charge d'un projet ou pour un service d'accompagnement professionnel au cours d'une période difficile. De plus, ils sont souvent composés de deux types de membres : ceux qui sont présents par choix et ceux qui le sont par obligation[88]. Dans un tel contexte, les groupes sont rarement mis en réseaux : un groupe existe pour lui-même, pour une période déterminée ou non.

Même si, au fondement, les intentions de ces groupes sont semblables à celles du Groupement, leurs approches sont assez éloignées de celle proposée par le Groupement, lequel mise beaucoup sur la stabilité et la continuité.

Mon propos ne consiste pas à démontrer ce qui est le plus valable. Dans ce domaine, la formule magique n'existe pas. Je crois plutôt à la nécessité de diverses formules arrimées à des besoins et à des contextes précis[89]. J'affirme que la mentalité ou la personnalité de chacun le conduit à participer à certaines formules plutôt qu'à d'autres quand il en a vraiment le choix. Ainsi, la recherche d'une cohérence personnelle joue un rôle important pour faire un choix judicieux. Affirmer que toute formule ou approche n'est pas valable pour tous n'est pas le signe d'une fermeture à l'égard de l'autre, mais la confirmation qu'il existe des différences entre les personnes.

### Les fondements du Groupement

Pour profiter de l'expérience du Groupement, il faut en connaître les fondements. Cette courte section de quelques pages vise à fournir quelques balises pour comprendre les options qui s'offrent à vous. Ainsi, il sera possible de profiter de l'expérience du Groupement en l'utilisant avec orthodoxie ou en l'adaptant à votre propre contexte. Dans ce dernier cas, il faudra accepter que la formule que vous retiendrez produise des résultats différents de ceux obtenus par le Groupement.

Fondamentalement, la formule du Groupement se base sur la stabilité d'un groupe appelé le « club », associé à des réseaux multiples. Par choix, on s'adresse avant tout aux chefs d'entreprise. Au fil des années, de façon empirique, les permanents du Groupement ont mis au point des outils, des démarches et des processus qui garantissent un certain succès à la vie de club, même s'ils conviennent que la « technologie » proposée n'est pas encore parvenue à « sa pleine maturité » parce qu'elle s'améliore sans cesse. En cela, le Groupement a su suivre les besoins du chef d'entreprise et ajuster son produit en conséquence.

## Le choix entre quatre formules de groupement possibles

Le Groupement fait la promotion d'une formule parmi les quatre possibles pour la formation de clubs ou d'autres types de groupes visant les mêmes buts. Les deux figures qui suivent illustrent ces diverses variations. Il importe de les présenter puisque, pour choisir l'une ou l'autre, il est nécessaire de connaître les différentes possibilités, car « choisir, c'est exclure », c'est-à-dire renoncer à certaines façons de faire.

La figure 1 présente les deux bases de la constitution d'un club de chefs d'entreprise associé au Groupement. La figure 2 illustre les trois autres possibilités et elle évoque en même temps deux cas où se manifestent des incompatibilités. Je rappelle que cette typologie s'articule en fonction de la dimension affective[90] et de la dimension sociale[91].

## Figure 1

## La formule retenue par le Groupement

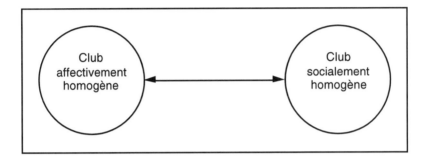

## LA FORMULE 1 : LE CLUB EST AFFECTIVEMENT ET SOCIALEMENT HOMOGÈNE

*La conviction de base.* Il est possible d'aller en profondeur dans l'échange et le partage quand un courant de sympathie existe entre les membres et quand ceux-ci vivent une situation professionnelle similaire.

*Le principe de base.* « Qui se ressemble s'assemble. » L'homogénéité implique que l'animateur du groupe est un pair des autres membres.

*La pratique de base.* Tout nouveau membre doit être accepté à l'unanimité par les autres membres selon une procédure préétablie et il doit être chef d'entreprise au moment de son adhésion. Il n'est plus éligible quand il perd son statut.

## Figure 2

### Les autres possibilités de formation de groupes

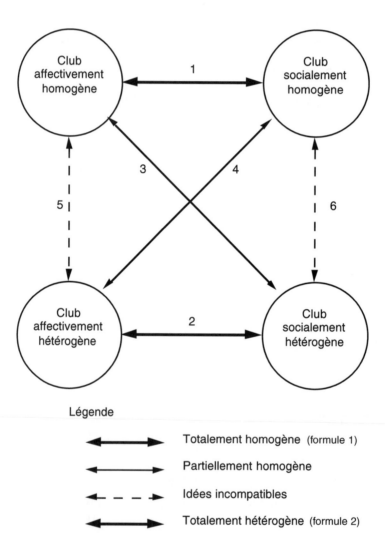

Légende

Totalement homogène (formule 1)

Partiellement homogène

Idées incompatibles

Totalement hétérogène (formule 2)

## LA FORMULE 2 : LE CLUB EST AFFECTIVEMENT ET SOCIALEMENT HÉTÉROGÈNE

*La conviction essentielle.* Tout autre mode de groupement est artificiel.

*Le principe de base.* L'hétérogénéité est une richesse pour le fonctionnement de tout groupe.

*La pratique de base.* On accepte tous ceux qui se présentent jusqu'au maximum de membres requis dans le groupe.

## LA FORMULE 3 : LE CLUB EST AFFECTIVEMENT HOMOGÈNE ET SOCIALEMENT HÉTÉROGÈNE

*La conviction essentielle.* Avant tout, les membres du groupe doivent se sentir à l'aise les uns avec les autres. Le réseau fonctionne sur la base de la sympathie. Le groupe trouve la richesse de la diversité dans le fait que les membres proviennent d'horizons multiples.

*Le principe de base.* L'affectivité est le facteur clé de la réussite du groupe.

*La pratique de base.* Le groupe se constitue plus précisément après quelques rencontres. Il est nécessaire que le bassin de candidats soit plus grand que le nombre de personnes qui seront retenues dans chacun des groupes.

## LA FORMULE 4 : LE CLUB EST AFFECTIVEMENT
## HÉTÉROGÈNE ET SOCIALEMENT HOMOGÈNE

*La conviction essentielle.* En circulant naturellement, les sympathies, les antipathies et les indifférences créent la « dynamique de tout groupe ».

*Le principe de base.* Le statut professionnel similaire réunit le groupe.

*La pratique de base.* Les membres sont acceptés sur la base de leur statut professionnel au moment de leur adhésion.

Par exemple, tous les membres sont des chefs d'entreprise, mais ils ne se sont pas choisis mutuellement et ils n'auront pas à accepter les nouveaux membres.

## L'expérience de la formule du Groupement

1. La formule du club affectivement et socialement homogène est profitable, mais elle est exigeante.

2. Les autres formules ne sont pas à négliger, mais elles produiront probablement des résultats différents de ceux qu'a donnés la formule retenue par le Groupement.

3. Cependant, il faut constater que même le Groupement a utilisé plusieurs formules au cours de son histoire, pour finalement revenir à la formule précédemment décrite à la figure 1. Pourquoi ces changements ? Quelquefois pour expérimenter de nouvelles avenues et d'autres fois pour assurer la survie du Groupement. Toute association connaît des périodes au cours desquelles elle doit faire preuve

d'initiative et de créativité pour « tout juste survivre ». Toutefois, on observe que, au cours de 25 ans d'histoire, la formule du club affectivement et socialement homogène a été privilégiée, car « elle est notamment plus facile quand des pairs animent les rencontres ». Au Groupement, on est affirmatif sur cette question : « L'expérience nous enseigne que le Groupement poussera plus loin l'homogénéité, par le rassemblement de chefs qui sont rendus au même stade d'évolution… »

4.  Moyennant quelques adaptations, la « technologie de l'entraide » mise au point par le Groupement peut être utilisée dans l'une ou l'autre des quatre formules inventoriées ; toutefois, on affirme que les formules 2, 3 et 4 nécessitent plus d'animation professionnelle.

5.  Certains membres du Groupement croient qu'il y aurait avantage à adapter les diverses formules proposées pour qu'elles s'appliquent à l'intérieur même d'une usine[92], en formant, par exemple, un club de superviseurs, un club de cadres, un club de techniciens, etc. Les interclubs favoriseraient les actions et les réflexions réciproques des différentes catégories d'employés. De plus, les clubs pourraient se fréquenter dans les cas où la production de l'entreprise est diversifiée dans plusieurs endroits différents. Dans le même contexte, le concept de réseaux pourrait être intégré à la vie des clubs et des interclubs.

6.  L'idée précédente peut s'appliquer à tous les types de milieux d'affaires, petites, moyennes ou grandes entreprises manufacturières, commerciales ou de services, pourvu qu'on

ne tente pas d'utiliser une « quincaillerie » sans en respecter l'essence.

« Profitons de l'expérience des autres » est une approche valorisante pour tous, car elle suggère que chacun a une expertise propre et qu'en la partageant on peut faire progresser les choses et les gens.

# QUATRIÈME PARTIE

# ENTREPRENDRE, BÂTIR ET RÉUSSIR L'AVENIR

## Chapitre 14

# Aimons-nous vraiment les entrepreneurs?

« Aimons-nous autant les entrepreneurs que l'entrepreneurship? » se demandait Benoit Paré dans une intervention faite au cours du congrès de février 1995 de la Fondation de l'entrepreneurship. La question demeure encore pertinente. En fait, l'on constate que la notion d'entrepreneurship est abondamment discutée, mais que lorsqu'il s'agit d'en parler d'une manière concrète, c'est-à-dire du point de vue de l'entrepreneur qui a un apprentissage à faire et des besoins à combler pour mener à bien son entreprise, des lacunes existent.

La cause de l'entrepreneurship a fait des progrès notables dans les 25 dernières années; néanmoins, beaucoup jugent que la culture entrepreneuriale ne se développe pas assez rapidement et qu'elle n'est pas suffisamment valorisée, notamment par les gouvernements. On discute davantage d'entrepreneurship, mais la création annuelle d'entreprises est en diminution. L'écart entre les entreprises créées et celles qui disparaissent à la suite d'un abandon des affaires ou d'une faillite se traduit par un déficit.

Quelques universités possèdent un module, un laboratoire, une chaire ou un département dédié à la PME ou à l'entrepreneurship. Des chercheurs et des professeurs consacrent leur activité professionnelle à l'étude et à la promotion de ce phénomène, pourtant la majorité des universitaires s'intéressent encore seulement aux grandes entreprises. Dans les écoles, les projets visant à « développer les valeurs entrepreneuriales » se multiplient, mais les ressources allouées ne sont généralement pas à la hauteur des ambitions annoncées. De plus, la montée du travail indépendant[93] marque le fait qu'apprendre à entreprendre devra, de plus en plus, préoccuper le monde des affaires et le monde de l'éducation. Créer son propre emploi est aussi de l'entrepreneurship et cela contribue au bien-être collectif[94].

Maintenant, on sait que l'entrepreneurship doit et peut s'apprendre[95]. Pourtant, il y a moins de 15 ans encore, beaucoup prétendaient que l'entrepreneur naissait avec « un bagage de possibilités génétiques communes à la gent entrepreneuriale » et qu'il suffisait de le placer dans un environnement propice pour que ce talent puisse s'éclore et s'épanouir. Dans cette vision, on distinguait ceux qui pouvaient entreprendre et ceux qui ne le pouvaient pas parce qu'ils n'avaient pas la « bonne combinaison génétique ».

En fait, il s'agissait d'une vision élitiste de l'entrepreneurship. Cette vision occultait l'importance des caractéristiques individuelles de la personnalité qui influent sur la manière d'entreprendre et d'apprendre de chacun. Aujourd'hui, on reconnaît qu'il existe des traits qui caractérisent les entrepreneurs qui réussissent et qu'il existe des profils d'entreprises qui durent dans le temps. Ainsi, on peut maintenant diagnostiquer les chances de succès et on peut cerner les faiblesses d'une entreprise.

Entreprendre, c'est renoncer à l'attente et à la dépendance en mettant en œuvre son propre projet et en essayant de le « réussir dans les meilleures conditions possible ». Entreprendre ne signifie pas nécessairement qu'on a le potentiel pour créer le prochain « Bombardier », mais qu'on a le désir de réaliser un projet issu de sa propre initiative. Le désir de réalisation est fait de détermination, de persévérance et d'endurance. En d'autres mots, ce que je veux réaliser, je vais le faire malgré les obstacles ; je prendrai le temps qu'il faudra pour y arriver et je suis prêt à assumer les fatigues physique et morale qui en découleront.

Pour beaucoup de gens, l'entrepreneur est un être dynamique, intuitif et visionnaire ; un être surexcité, fébrile, hyperactif, stressé et dispersé ; et un être qui déteste la routine, l'ordinaire et les contraintes.

Aimons-nous vraiment les entrepreneurs ? Je ne crois pas qu'il existe une réponse objective et définitive à cette question. La rédaction de l'histoire du Groupement m'a permis de dégager l'analyse suivante. Dans les années 70, l'entrepreneur était généralement celui qu'on aimait détester parce qu'il n'avait, croyait-on, aucun intérêt pour le bien commun. Dans les années 80, devant la montée du libéralisme économique, la société a cru en l'émergence d'un monde meilleur si les entreprises et les entrepreneurs étaient valorisés et soutenus. Au cours de cette période, on a voué une admiration certaine à ceux qui entreprenaient et qui réussissaient. Comme on le disait à l'époque, on avait une « admiration pour ces personnes à forte personnalité qui sont des modèles pour les autres ». Puis, la crise économique du début des années 90 a été l'occasion de prendre conscience du fait que les promesses des années 80 n'ont pas été tenues. Alors, progressivement, un paradoxe s'installe : on est de plus en plus convaincu que l'entrepreneurship est nécessaire pour assurer le développement de la société, mais on se méfie davantage des dirigeants. À la fin des années 90, une certaine méfiance remplace l'admiration des années 80. Certes, les sondages révèlent qu'on fait plus confiance aux entrepreneurs qu'aux politiciens. Mais on ne fait pas confiance « à n'importe quel entrepreneur ». Il ne faut pas oublier que, dans ce domaine, tous les jugements se présentent sous la forme d'un continuum allant du totalement méfiant au totalement confiant. Maintenant, on exprime plus de méfiance que de confiance.

J'ai voulu savoir comment des chefs d'entreprise membres du Groupement réagissaient à cette analyse. Voici trois commentaires qui représentent bien ce que pensent les diverses personnes rencontrées :

1. La montée de la méfiance à l'égard des entrepreneurs vient essentiellement de l'image que donnent les dirigeants-gestionnaires des très grandes entreprises. On a l'impression qu'ils sont devenus, pour la plupart, totalement inhumains, qu'ils sont devenus des machines au service du profit sans fin et au service du gigantisme. Moi-même, j'ai des contrats avec plusieurs multinationales et j'ai vraiment l'impression de faire affaire avec des donneurs d'ordres qui se fichent totalement de ma compagnie tout en me disant que nous sommes leur partenaire. Je me méfie d'eux parce que je sais qu'ils peuvent me mettre dans la rue demain matin en me préférant un concurrent. Alors, imaginez-vous les employés qui travaillent pour eux. La méfiance doit être à son maximum et elle doit provoquer une tension insoutenable. Dans l'ensemble, je crois que

la situation n'est pas saine parce qu'elle se répercute sur l'image de l'ensemble des patrons, même les chefs de PME.

2. Dans ma propre entreprise, qui compte moins de 100 employés, je sens que la confiance est une relation toujours fragile, surtout quand je dois prendre des décisions qui touchent directement les employés. J'ai beau vouloir les traiter d'une manière humaine, quand je dois supprimer des postes, cela fait toujours mal. J'ai eu à le faire récemment, et je dois vous avouer que je sens maintenant un peu plus de méfiance de leur part. Nos rapports sont toujours cordiaux, mais ils ne sont pas sécurisés face à leur avenir. Mais comment les sécuriser quand tout change si rapidement?

3. Je nuance votre analyse. Je pense que les entrepreneurs sont toujours admirés, mais je dirais qu'on est maintenant plus critique à leur égard. Sans jouer sur les mots, je crois qu'on admire les entrepreneurs, mais qu'on se méfie encore un peu, et peut-être beaucoup des patrons. Malheureusement ou heureusement, c'est la même personne dans une petite entreprise. Par exemple, quand je parle aux employés d'un projet d'agrandissement de l'usine, je sens qu'on a de l'admiration pour moi parce que l'entreprise prend de l'expansion, parce que je prends des risques. Mais quand je les rencontre pour leur expliquer qu'on doit réduire les coûts de production pour obtenir tel contrat, alors je sens une certaine méfiance de leur part, même si j'essaie d'expliquer clairement la situation. Quelquefois, j'ai l'impression que certains ne me croient pas. Et cela affecte ma crédibilité.

Pour que les chefs d'entreprise aient une influence plus grande à l'avenir et sur l'avenir, le lien de confiance doit être renforcé avec vigilance, car il est toujours fragile. Nous savons tous que la froide logique économique utilisée au cours de la présente décennie pour justifier toutes les décisions est limitative et qu'elle provoque des réactions sourdes au sein de la population.

Bien sûr, il est admis par tous que les entreprises doivent faire des profits pour assurer leur survie. Le problème n'est pas là. Il est dans la manière de faire ces profits et dans le traitement réservé aux personnes qui y contribuent.

On peut valoriser l'entrepreneurship dans toutes les tribunes, mettre sur pied de multiples activités de formation pour augmenter le potentiel entrepreneurial des individus, il n'en demeure pas moins que les entrepreneurs devront examiner leur relation avec la valeur « argent[96] ». La valeur que l'on accorde à l'argent risque de devenir l'un des facteurs principaux qui provoquera des chocs sociaux importants au cours de la prochaine décennie et qui entraînera une certaine déstabilisation des entreprises. Par exemple, de nombreux sociologues observent une montée des tensions intergénérationnelles fondée sur un profond sentiment d'injustice ressenti par les jeunes générations, à l'égard notamment des baby-boomers. Les analyses démontrent que ces tensions sont essentiellement rattachées aux problèmes d'argent et d'emploi vécus par les plus jeunes. À tort ou à raison, se sentant rejetées par leurs aînés, les jeunes générations estiment qu'elles n'ont pas à être « loyales envers des gens qui les ont laissées tomber ».

Pour entreprendre, avec détermination et persévérance, chaque entrepreneur potentiel peut partir avec son bâton de pèlerin pour vendre son idée et obtenir les ressources nécessaires pour la mettre sur pied.

Mais « bâtir pour durer » exige la contribution des autres : clients, employés et fournisseurs. Ceux qui ont une âme de bâtisseur ont besoin des autres pour réaliser leur projet. Sans liens de confiance solides, cette réalisation s'avère périlleuse. Sans un partage des valeurs, elle est pratiquement impossible. On peut affirmer, sans grand risque de se tromper, qu'il y aura des débats importants dans les entreprises au cours de la prochaine décennie sur les valeurs qui donnent du sens à l'action et au travail. Comme on le dit au Groupement, il faudra « se dire les vraies choses en profondeur » et il faudra être présents « dans ces débats parce que nous avons quelque chose de neuf à exprimer ».

Selon moi, certains membres du Groupement ont un pas d'avance dans cette réflexion puisqu'ils mettent déjà en œuvre une manière différente de faire des affaires, et cette manière est fondée sur l'harmonie des valeurs. J'y reviendrai un peu plus loin.

## Chapitre 15

# Qu'est-ce qu'un bâtisseur ?

Devons-nous rendre hommage aux personnes qui bâtissent ou devons-nous faire l'éloge de l'art de bâtir[97] des entreprises sociales ou commerciales durables dans un monde précaire, un monde « dont l'avenir, la durée ne sont pas assurés » ?

Rendre hommage permet de mesurer le chemin parcouru tout en tirant profit de l'expérience des bâtisseurs. Faire l'éloge de l'art de bâtir favorise la prise de conscience des étapes nécessaires à la réussite de tout projet, si minime soit-il. Il me semble que les deux facettes de cette question sont d'égale importance : on doit rendre hommage à des personnes qui pratiquent l'art d'entreprendre et de durer.

Partout dans le monde, pour des raisons souvent différentes d'une région à l'autre, on valorise surtout les bâtisseurs de grandes entreprises, voire d'empires. Ici, cette situation s'explique par notre histoire particulière. Dans les années 60 et 70, les francophones ont senti le besoin de faire la preuve qu'ils pouvaient bâtir de « grandes entreprises florissantes parce qu'elles seraient les meilleures dans leur domaine ». Grâce à l'appui d'institutions financières importantes, comme la Caisse de dépôt et placement, des francophones ont eu la motivation d'agir afin de démontrer que cela était possible. Entre autres, les Pierre Péladeau (Quebecor), Laurent Beaudoin (Bombardier), Rémi Marcoux (Transcontinental) et Bernard Lemaire (Cascades) ont fait éloquemment cette démonstration.

L'histoire de chacun de ces entrepreneurs montre qu'ils ont tous bâti leurs multiples entreprises à partir de quelques principes relativement simples et quasiment universels, voire valables depuis toujours dans les entreprises « saines » : le respect du client, la prévision de ses attentes, la prévision de l'évolution du marché, l'importance d'une culture organisationnelle connue de tous qui fixe des « balises » et un « esprit » à respecter, et la nécessité de garder une vue d'ensemble sur ce qui se passe dans l'organisation. Tous insistent sur l'importance du bon sens, de l'intuition, de l'imagination et du risque. Tous se disent inquiets des difficultés à maintenir une certaine « humanité » dans les entreprises de grande taille.

À ce propos, je retiens les propos de Serge Racine (Shermag) qui définit trois points essentiels pour le développement d'une entreprise :

1. L'extraordinaire chez le dirigeant consiste d'abord à bien faire l'ordinaire ; pour lui, l'extraordinaire, « c'est la constance dans l'exécution des choses ordinaires » ; l'ordinaire, « c'est l'exercice de toutes les fonctions primaires de gestion de l'entreprise ».

2.  Une entreprise améliore ses chances de survie si elle est dotée d'une bonne culture organisationnelle ; pour lui, cette culture « est le partage de valeurs concrètes qui donnent lieu à des façons de faire qui définissent la personnalité et le caractère de l'entreprise » ; la culture de l'entreprise, c'est son « humanité ».

3.  Une bonne compréhension globale de l'environnement économique dans lequel fonctionne l'entreprise est essentielle ; elle consiste à saisir rapidement les enjeux, les tendances, les mouvements économiques cycliques[98], etc.

Il existe des conditions générales propices à l'entrepreneurship et à l'art de bâtir. Celles-ci se traduisent en capacités ou en compétences[99] propres à un chef d'entreprise et en qualités propres aux entreprises qui se développent.

Qu'est-ce que bâtir ? C'est édifier dans le temps et dans l'espace. C'est créer dans le réel ce qui n'était qu'une idée floue ou un concept approximatif.

Tentons d'inventorier quelques traits de cet « art » :

Bâtir, c'est aller par-delà l'éphémère.

Bâtir, c'est tenir le coup devant l'événement.

Bâtir, c'est l'art de « bien gérer ce qui a été créé ».

Bâtir, c'est la constance des balises.

Bâtir, c'est la fidélité à ses convictions et à ses engagements.

Bâtir, c'est maintenir le désir de réalisation pour soi et pour les autres.

Bâtir, c'est connaître ce qui nous motive.

Bâtir, c'est aussi reconnaître que rien n'est éternel dans ce monde, que tout a une durée plus imprévisible que prévisible.

Bâtir, c'est laisser des empreintes, des traces de notre passage dans un milieu donné.

Pour définir l'esprit du bâtisseur, j'aime citer Paul Michaud[100], un pionnier du monde de l'édition.

> Quand on est, envers soi-même, dépositaire d'un serment dont personne d'autre n'est tenant, les promesses auxquelles on s'est engagé sont difficiles à respecter. La nature humaine nous propose mille raisons d'y déroger : il y a la loi du moindre effort, l'aisance du laisser-aller et, pis encore, le désir de faire relâche.

> Je luttais désespérément contre ces constantes pressions qui m'incitaient à hisser le drapeau blanc. Pour me soutenir, me revenait à l'esprit cette sentence bien française : si cela est possible, c'est fait ; si c'est impossible, ça se fera.

Pour moi, c'est cela l'esprit du vrai bâtisseur : il fait des choses à sa mesure, mais il les fait. Dans cette perspective, il n'y a pas de petits ou de grands bâtisseurs : il y a tout simplement ceux qui osent et qui font.

Et comme le dit Ghislain Théberge, « quand on est en amour avec un projet, c'est cela qui donne une énergie étonnante ».

Ma conviction personnelle est que la société serait probablement meilleure pour tous, si chacun avait le souci d'entreprendre et de bâtir quelque chose de durable. L'initiative individuelle[101] doit être valorisée pour tous.

# Chapitre 16

# Qui est votre modèle ?
# Qui vous influence ?

Depuis quelques années, j'ai posé ces questions des centaines de fois. D'abord à des jeunes de 15 à 25 ans, au cours d'une recherche pancanadienne sur les valeurs et les tendances, ensuite à des adultes au cours de la même étude et récemment à des chefs d'entreprise membres du Groupement.

Chaque fois, j'ai fait la même constatation : la réponse à ces questions ne vient pas spontanément. La seule façon que j'ai trouvée pour en obtenir une était de présenter à mon vis-à-vis une liste de noms de personnalités parmi lesquelles il choisissait celle qui lui semblait la plus importante à ses yeux. Cette façon de procéder donne des résultats si les personnes mentionnées sur la liste ont une certaine notoriété publique, sinon la dispersion des réponses est telle que celles-ci n'ont plus aucune signification. Toutefois, même en élaborant une liste de personnes ayant de la notoriété, je ne suis pas certain de la pertinence et de la profondeur des choix. Lorsqu'il faut indiquer aux gens quelles personnes sont susceptibles de les avoir influencés, il est difficile de tirer des conclusions valables d'un tel exercice.

Pourtant, on s'entend pour dire qu'il nous faut des modèles, des héros, des leaders qui tracent la voie et nous inspirent en tant que bâtisseurs qui ont marqué profondément leur époque.

Il est indéniable que l'on peut admirer de grands bâtisseurs pour leur œuvre concrète. Mais on peut aussi être influencé par les principes et les pratiques qui font « leur marque de commerce » personnelle et qui font d'eux des leaders. À ce moment-là, les bâtisseurs deviennent des inspirateurs. Pourtant, rarement souhaite-t-on les imiter. Ils sont rarement des modèles. Voici quelques réactions obtenues de différents chefs d'entreprise au cours d'une conférence téléphonique sur le sujet.

– Quand je rencontre ces grands bâtisseurs, je prends ce qui fait mon affaire, tout simplement. Quelquefois, ce sont des manières de faire, d'autres fois une grande philosophie de vie qui me convient ou même un truc particulier. Souvent ces grands personnages m'ont aidé à mettre des mots simples, mais justes, sur mes propres expériences.

– Après avoir entendu Pierre Péladeau au Groupement, il y a peut-être 15 ans, j'ai pris conscience du fait que je n'étais pas assez direct avec mes employés. Il m'a appris l'importance de dire les choses clairement, sans enrobages inutiles. Cela est plus naturel pour moi.

– Roger Landry de *La Presse* m'a épaté quand il nous a expliqué que les grands entrepreneurs se manifestaient dans les

moments de crise, dans leur façon de les gérer. Ces moments
sont les meilleurs pour tester nos principes et nos motivations.
Quand j'ai eu à faire face à une crise majeure dans mon entreprise, je me suis rappelé ce discours.

— Moi, c'est Yves Landry de chez Chrysler qui m'a influencé
quand il a expliqué qu'il gérait en allant rencontrer régulièrement ses employés dans les usines et les clients dans les
salles de montre pour avoir des informations de première main
afin de prendre des décisions. Sa technique m'a rapproché de
mes employés et de mes clients. Il était temps, car mon bureau
est dans l'une de mes deux usines et quelquefois je passais
plus de six mois sans aller vraiment sur le plancher de l'usine,
trop occupé à mes tâches administratives.

Au cours de la décennie 80, la présentation d'entreprises et de
dirigeants modèles a connu une grande popularité. Quelques années
plus tard, des journalistes ont mené des enquêtes[102] pour savoir ce qui
était arrivé à ces entreprises et dirigeants. Avec étonnement, ils ont
constaté que plus de 60 % des entreprises citées n'existaient plus ou
faisaient face à de graves difficultés. De quoi freiner tout désir d'être
cité comme entrepreneur modèle.

De même, on s'aperçoit souvent que les héros sont éphémères. Je me
permets un rappel de certains faits pour illustrer cette situation : en
1990, j'ai écrit dans *L'effet caméléon* que les Français considéraient
l'homme d'affaires Bernard Tapie comme un héros et lui vouaient une
grande admiration comme redresseur d'entreprises. De plus, un fort
pourcentage de la population estimait qu'il était « probablement
l'homme le plus heureux de France ». Depuis, il a été poursuivi dans
différentes causes judiciaires, a fait de la prison, a perdu son poste de

ministre et son siège de député, s'est fait saisir son patrimoine, et ses entreprises ont été liquidées… Évidemment, sa notoriété a baissé en flèche, mais on admire encore sa « capacité de rebondir » malgré toutes ces déveines personnelles et financières.

Qui est votre modèle en affaires ? Au Groupement, j'ai posé cette question pour la première fois à Guy Boulanger[103]. « Vous parlez d'une question ! Attendez, je dois y penser, parce que je ne sais vraiment pas quoi vous répondre », me dit-il dans un grand éclat de rire. Finalement, Guy a répondu ceci :

> Je crois qu'il n'y a qu'une seule personne qui me serve de modèle, c'est mon père. Il fut un modèle pour moi parce qu'il m'a appris l'essentiel de la direction d'une entreprise. Il était dur au travail et il ne prenait pas de gants blancs pour faire ses commentaires. Ça allait bien pourvu qu'on ne soit pas trop susceptible. Mais il savait où il allait. Et cela est très important en affaires. En ce qui concerne les autres personnes, je crois qu'il n'y en a qu'une seule : c'est Bernard Lemaire qui m'a le plus influencé par sa manière de penser et par sa philosophie de direction. Mais je n'ai jamais voulu l'imiter, je veux juste profiter de son expérience. Et Bernard sait la communiquer. Il y aussi Herman Fournier, un chef d'entreprise qui était un ami de mon père.

J'ai continué mon enquête auprès d'une dizaine de chefs d'entreprise des Bois-Francs, dont quatre membres actuels du Groupement. Quelques constatations générales, sans aucune prétention scientifique, s'appliquent à la majorité des répondants :

1.  Tout comme les jeunes, les chefs d'entreprise mentionnent souvent un proche parent comme étant celui qui les a le plus influencés. C'est ce qu'on appelle un modèle de proximité, à qui on voue une grande admiration souvent à cause de sa ténacité.

2.  Quand des chefs d'entreprise disent avoir été influencés par d'autres chefs d'entreprise, ces derniers sont souvent des membres de leur propre communauté d'affaires.

3.  Rares sont les chefs d'entreprise qui croient être des modèles ou qui pensent avoir influencé les autres. Même dans les entreprises qui comptent sur la relève d'un fils ou d'une fille pour assurer l'avenir, il ne semble pas que le dirigeant actuel fasse office de mentor.

4.  Mais la plupart admirent ceux qui durent en affaires ou qui ont la capacité de rebondir, même après la perte d'une entreprise.

## Le Groupement : une *story* ?

Howard Gardner, réputé professeur de psychologie cognitive à Harvard et principal concepteur de la théorie des intelligences multiples, fournit une explication intéressante et nouvelle sur le phénomène des leaders, des héros, des modèles qui sont aussi des bâtisseurs[104]. Dans sa réflexion, Gardner est à la recherche de ce qui fait avancer le monde. Pour lui, les grands leaders, les grands bâtisseurs exercent leur influence par une combinaison de la parole et de l'action. Les personnes[105] qui influencent ont cette capacité d'élaborer une nouvelle *story* pour nous inciter à agir différemment et, ainsi, à « renouveler notre vision du monde ». Ici, Gardner utilise le sens anglophone du mot *story* qui est plus large que les mots histoire ou récit. Une *story* est « autant une vision du monde que son expression au travers d'un récit narratif qui a du sens, qui possède un sens fort ». Selon cette idée, celui qui influence est un merveilleux conteur d'histoires, quelquefois controversé, qui, par l'expérience, peut en expliquer le sens aux autres. Autrement dit, ce conteur d'histoires incarne sa propre histoire pour « inspirer les gens et les motiver, pour les aider à comprendre quel sens la société a pour eux ». De plus, il évite le simplisme parce qu'il est capable de « récits sophistiqués, respectueux des nuances et de la complexité ».

Aux États-Unis, on dit que Bill Gates (Microsoft) et Steve Jobs (Apple) sont de ces « conteurs connus qui refont le monde ». Avons-nous de tels leaders-bâtisseurs ici ? Je lance davantage la question que je ne tente d'y répondre, parce que la réflexion de Gardner ouvre des pistes intéressantes pour l'avenir.

En me basant sur les critères élaborés par Gardner, je ne vois pour le moment que deux personnes provenant du monde des affaires[106] et appartenant à des générations différentes qui y répondent totalement : Bernard Lemaire (Cascades) et Daniel Langlois (Softimage et Ex-Centris). Ces gens sont des leaders-bâtisseurs parce qu'ils tiennent publiquement un nouveau discours structuré qui crée l'espoir d'un changement dans les valeurs de la société. Ces personnes exercent une influence parce qu'elles ont de la notoriété, mais elles ont de la notoriété parce qu'elles ont fait l'expérience concrète de ce qu'elles proposent comme vision du monde et de l'engagement. C'est cette cohérence qui donne de la crédibilité.

Cependant, la plupart des bâtisseurs restent dans l'anonymat. Cela ne les empêche pas de laisser des traces chez leurs proches et dans leur milieu, et de poursuivre leur route avec constance.

Au Groupement, on dit aussi que le vrai bâtisseur est celui qui « bâtit sur tous les plans de sa vie : affaires, famille, société ». Il est aussi celui qui aide les autres à progresser. Cette vision des choses est intéressante puisqu'elle remet en question la « compartimentation malsaine de nos vies ».

Toutefois, le Groupement lui-même ne serait-il pas à l'origine d'une nouvelle *story* prenant sa source dans l'idée que l'entraide permet de progresser, de réussir et de prospérer ? La force du Groupement consiste à mettre de l'avant une proposition que ses membres ont vécue, expérimentée, analysée, évaluée et améliorée sans cesse. Il ne s'agit pas d'un vague concept abstrait, mais d'une expérience réelle qui peut en inspirer d'autres.

Si l'on vous a raconté cette histoire, c'est pour que, partout, des bâtisseurs s'inspirent du Groupement afin de créer de multiples réseaux formels et informels qui permettront à leurs membres de profiter de l'expérience des autres et de bâtir une société propice au développement des affaires et, surtout, des personnes.

Des réseaux qui se mettront en réseaux entre eux et éventuellement avec ceux du Groupement pour donner naissance, le cas échéant, à un projet commun de changement des valeurs dominantes de la société. Peut-être, le « chacun pour soi » sera-t-il ainsi progressivement remplacé par le « chacun contribue au développement de l'autre ».

Alors, la prospérité prendra son sens véritable : « état de ce qui est heureux ».

## Épilogue

# Les valeurs

À mon avis, la quête principale d'un individu consiste en la recherche d'une harmonie entre les différentes facettes de sa vie, c'est-à-dire être prospère dans tous les aspects de sa vie (personnelle, professionnelle, familiale et sociale). Il s'agit à la fois d'un défi et d'un repère.

Cette harmonie est possible quand les valeurs qui nous inspirent sont les mêmes dans toutes les dimensions de notre vie. On y parvient progressivement lorsque les valeurs servent de repère pour cheminer, pour s'améliorer, pour prendre des décisions et pour devenir de plus en plus cohérent. Elles permettent de « s'analyser pour mieux décider ». Elles sont des références déterminantes pour la conduite de la vie.

L'attachement de chacun à certaines valeurs est le signe de la recherche d'harmonie, même si cette dernière est relative puisqu'elle est constamment sous tension. En effet, le désir de réalisation de soi par la fidélité à quelques valeurs est sans cesse perturbé par les appels et les pressions de la société en général. Pour reprendre une expression utilisée ailleurs dans ce livre, le « Tu » aide à faire progresser le « Je », mais aussi, parfois, il est une entrave à sa réalisation. La différence entre les deux possibilités vient de la présence ou non d'une solidarité ou d'une connivence, même minimale, entre le « Je » et le « Tu ». Sans celle-ci, le « profitons de l'expérience de l'autre pour progresser » n'a pas de sens et n'est pas réalisable dans un esprit de partage et d'échange. Cela est aussi vrai dans la vie personnelle que dans la vie professionnelle.

Que viennent faire les valeurs en affaires ? Comme dans toutes les organisations, elles éclairent la mission de l'entreprise et elles révèlent le style de gestion de ses dirigeants. Les valeurs sont des références déterminantes pour la conduite des affaires, car elles cimentent la culture organisationnelle. Elles sont riches et essentielles quand elles se traduisent en pratiques et en gestes concrets. Malheureusement, les valeurs ne sont que du vent si elles sont utilisées pour enjoliver le texte servant à diffuser la mission de l'entreprise. Dans une telle situation, plus fréquente qu'on ne l'admet généralement, les valeurs sont vides de sens parce qu'il n'existe aucune préoccupation pour les assumer dans le quotidien. Pis encore, les valeurs deviennent « stratégiques » puisqu'on les change selon l'air du temps pour être « tendance », comme on dit aujourd'hui dans les milieux qui prétendent être réceptifs à tous les changements, même lorsque ceux-ci sont contradictoires les uns par rapport aux autres. Dans ce cas, les valeurs qu'expriment le chef de l'entreprise lorsqu'il est invité à parler dans différentes tribunes ne sont que de beaux discours.

## Ma rencontre avec le Groupement

Avant d'écrire ce livre, je n'avais eu qu'un seul contact avec le Groupement. En septembre 1992, j'ai prononcé une conférence au congrès annuel tenu à Saint-Georges-de-Beauce. En ce début d'automne, j'achevais une tournée de conférences d'une durée d'un an sur les grandes tendances sociales et économiques qui marqueraient la prochaine décennie, conférences demandées par différents organismes à la suite de la parution de mon livre *Des idées d'avenir pour un monde qui vacille*.

Je me rappelle avoir été troublé au cours de cette matinée. Je dois dire que je n'avais pas demandé d'information sur la philosophie du Groupement, tenant probablement pour acquis qu'il s'agissait d'un regroupement d'hommes d'affaires comme les autres, c'est-à-dire comme tous ceux que j'avais rencontrés au cours de cette année-là.

Qu'est-ce qui était troublant ? Premièrement, le discours tenu par les conférenciers membres, les « témoigneurs » comme on disait au Groupement, était surprenant. Dans un congrès de gens d'affaires, entendre parler de bonheur, de mort, de famille, de valeurs humaines, de partage, de solidarité était tout à fait nouveau pour moi. Non pas que je croyais que ces sujets ne préoccupaient pas les chefs d'entreprise, mais ils étaient rarement traités en profondeur dans ce type de milieu. Habituellement, les gens d'affaires ont une certaine pudeur, voire une certaine difficulté à les aborder. Ce matin-là, je prenais conscience du fait que ces gens en discutaient avec naturel, simplicité, clarté et profondeur, tout en maintenant un climat détendu.

Deuxièmement, en montant sur l'estrade pour amorcer ma conférence, il y eut un problème de branchement avec le micro. J'en ai profité pour faire quelques blagues sur le sujet, malgré le malaise que je ressentais chez le technicien. Tout de suite, je me suis senti des affinités avec ces chefs d'entreprise. Il me semblait que mon discours ne détonnait pas, puisque j'abordais notamment le problème des valeurs et de la tension cohérence/incohérence qui en découle et qui est un appel à la fidélité de soi à soi. À la fin de la matinée, rapidement, le président Raoul Moulinié m'a parlé de l'importance des clubs au Groupement, ce qui fut une autre découverte pour moi. À midi, je suis parti pour Montréal où je devais donner une autre conférence en fin d'après-midi.

Au cours des années suivantes, j'ai rencontré par hasard quelques membres du Groupement qui m'ont parlé du contenu de cette conférence de septembre 1992. De mon côté, de loin, j'ai suivi l'évolution du Groupement, mais sans avoir de contact avec ses administrateurs ou ses membres.

À l'automne 1998, Germain Desbiens, président-directeur général de la Fondation de l'entrepreneurship, m'a proposé d'écrire ce livre sur le Groupement. Le projet m'a immédiatement séduit parce que je pressentais une certaine compatibilité entre les valeurs promues par le Groupement et celles que j'affectionne personnellement. En même temps, j'ai été étonné du chemin parcouru par le Groupement depuis cette courte rencontre de septembre 1992. De plus, on me garantissait une totale liberté d'écriture, ce qui m'est absolument essentiel. Je n'ai pas hésité à accepter cette offre.

Qu'ai-je retenu de ce nouveau contact assidu avec le Groupement ? Au-delà d'une connaissance approfondie de l'histoire de ce rassemblement, mes rencontres avec des membres, avec des employés et avec des dirigeants m'ont été personnellement profitables sur plusieurs points, parce que je me considère avant tout comme un entrepreneur et qu'on a tendance à oublier certaines choses simples et essentielles.

J'ai redécouvert l'importance de gérer d'une « manière extraordinaire l'ordinaire ».

J'ai compris que la principale mission d'un entrepreneur est de contribuer au « succès de son client ».

J'ai compris aussi que le mot « amour » peut avoir du sens même en affaires :

Parce qu'il est nécessaire, mais difficile d'aimer le client…

Parce qu'il est essentiel de s'aimer soi-même pour être un bon entrepreneur…

Parce que l'amour est souvent passion et qu'en affaires la passion peut être dévorante si elle n'est pas aussi orientée vers les autres dimensions de la vie…

« Qu'il est difficile d'aimer, qu'il est difficile… »

Enfin, j'ai reçu une confirmation de l'importance des valeurs pour l'avenir des entreprises et pour l'avenir des personnes qui y évoluent. Depuis longtemps, par mes écrits et par mes actions, je prétends que la recherche d'une cohérence par les valeurs est la base du développement des personnes et des organisations. Maintenant, je sais que des femmes et des hommes du monde des affaires y contribuent, malgré les difficultés éprouvées.

## Les valeurs du Groupement ont-elles de l'avenir ?

Deux témoignages qui rejoignent l'ensemble des commentaires faits par les membres et les employés nous indiquent la voie à suivre : celui d'André Waechter, qui associe les valeurs à la réussite d'une entreprise, et celui de Sylvie Roy, qui porte sur la contribution du Groupement à l'ensemble de la société.

En 1985, passer de contrôleur à chef d'entreprise était un grand défi pour moi. En même temps, j'adhérais au GCE qui a fait éclore en moi les vraies valeurs de réussite d'un chef d'entreprise : respect de l'individu, désir de se réaliser et partage de la réussite. Ajouté à ces valeurs, le partage du vécu de différents chefs d'entreprise lors de nos rencontres mensuelles, qui m'apportèrent l'expérience et la confiance dans mes décisions. Aujourd'hui, je peux affirmer que j'ai développé un équilibre autant dans mon entreprise que dans ma vie personnelle grâce à la formule Groupement qui nous amène à développer notre côté technique et humain.

André Waechter *(Colonial Élégance)*

S'il n'y a pas d'avenir là, où y en a-t-il ? Les valeurs véhiculées par le Groupement depuis des années sont celles des individus d'abord. Après 25 ans, on parle encore de respect, de confidentialité dans les propos, d'entraide, d'écoute et de confiance. Pour qu'un club marche bien, les membres vivent nécessairement ces valeurs et les transmettent. Sans ces valeurs, comment les préoccupations des chefs d'entreprise pourraient-elles être prises en considération dans leur club ? C'est ce qui fait que le Groupement, ça marche ! Donc, je crois que ces valeurs ont de l'avenir non seulement dans le

Groupement mais dans toute la société. Les valeurs du Groupement sont le moteur du club et du chef d'entreprise dans son club. L'humain a besoin de l'humain. »

Sylvie Roy, *responsable régionale*

Les valeurs du Groupement ne sont pas les valeurs dominantes du monde des affaires d'aujourd'hui ni même de la société en général. Cela est une évidence. Mais elles deviennent une voie parallèle à celles-ci. En ce sens, le Groupement contribue à développer une solution de rechange qui touche de plus en plus de personnes de divers milieux.

Quand j'étais plus jeune, les années 2000 représentaient vraiment quelque chose de très important pour moi. J'ai toujours eu la conviction qu'il s'y passerait quelque chose de nouveau, non pas une catastrophe, mais tout simplement un renouvellement pour l'être humain. Et depuis que je travaille au Groupement, j'ai nettement l'impression que nous sommes bien placés pour y contribuer.

Hélène Bergeron,
*membre du bureau de direction du Groupement*

## Le Groupement en 2024

En 2024, il faudra écrire un ouvrage sur les 50 ans du Groupement des chefs d'entreprise du Québec. Certes, le Groupement aura probablement vécu une expansion rapide qui l'aura mené à une certaine crise de croissance, naturelle dans toutes les organisations. Dans ce contexte, le défi sera de maintenir cette « âme » qui le caractérise.

Projetons-nous dans cet avenir, essayons d'imaginer que...

Au début des années 2000, quelques « idées folles » pour les 25 prochaines années avaient été lancées par les membres et les proches du Groupement. Parmi toutes celles-ci, deux idées se sont réalisées parce qu'elles sont en cohérence directe avec les valeurs du Groupement.

« Les chefs d'entreprise sans frontières » sont nés de la volonté des membres du Groupement d'aider des personnes, ici et ailleurs, à se rassembler et à développer des réseaux d'entraide et de partage. Par esprit de cohérence, la solidarité « entre nous » est devenue la solidarité « avec les autres ».

De plus, le Groupement organise annuellement une activité internationale pour contribuer à développer des valeurs humanistes en affaires. Cette activité est une alternative au Sommet annuel de Davos en Suisse, qui réunit les grands décideurs économiques du monde, lesquels examinent celui-ci avec la froide rigueur de la logique économiste. À Davos, il est habituel d'inviter un philosophe pour qu'il présente « une vision différente » aux participants afin que ces derniers s'ouvrent à de nouvelles réalités, mais on sent bien qu'il est un peu le « bouffon du roi ».

Au Sommet de Drummondville au Québec, le Groupement propose une activité de réflexion philosophique sur la valeur des personnes dans les organisations sociales et commerciales en y invitant des gens de différents horizons afin qu'ils puissent partager leurs compétences et leurs expériences.

À l'aube de l'année 2024, les promoteurs des sommets de Davos et de Drummondville ont pris la décision de jumeler les deux événements pour en faire une tribune commune d'expériences internationales visant à tout mettre en œuvre pour créer un monde meilleur.

J'espère que quelqu'un écrira le récit de ce cheminement dans 25 ans, car il sera alors la confirmation que le Groupement était vraiment une nouvelle *story*.

Ces idées sont-elles vraiment folles ? Peut-être. Néanmoins, elles peuvent nous inspirer d'autres idées porteuses d'avenir.

Pour durer, il faut entreprendre, bâtir et surtout continuer de rêver.

Et les « grands rêves ne coûtent pas plus cher que les petits ». J'ai souvent entendu cette phrase parmi les membres du Groupement.

# Notes et références bibliographiques

1   Président de la compagnie Eastern Paper Box and Tube, qui deviendra plus tard Produits Eastertube.

2   Marcel Duchesne, Laval Fortin, Gilles Routhier, Raymond Pépin, André Massicotte et Paul-Henri Fillion.

3   À cette époque, Pierre Ménard est assisté de Gérald Lasnier comme secrétaire général ainsi que de deux secrétaires : Mmes Morneau et Lefebvre. Comme dans toute entreprise qui démarre, plusieurs tâches viennent s'ajouter à la description officielle.

4   Jacques Plourde est alors directeur général des services à l'entreprise manufacturière au ministère de l'Industrie et du Commerce. À partir du 22 août 1975, il participe au conseil d'administration

comme observateur représentant le MIC. Un peu plus tard, il sera accompagné ou remplacé par Claude Desjardins.

5   Dès le mois de mars 1975, une invitation est faite au MIC provincial et au MIC fédéral pour que des observateurs soient délégués au conseil d'administration du Groupement. Du provincial, on souhaite la participation de Rosaire Fortier et de Jean-Guy Rivest, tandis que du côté fédéral, on invite Gilles Morin ou Paul Audet.

6   Dans la première année de fonctionnement, les clubs sont nommés indifféremment club PME ou club industriel.

7   Dans les années 70, les relations entre patrons et ouvriers sont souvent difficiles. Ce projet visait à soutenir les chefs d'entreprise ayant à faire face à cette nouvelle réalité.

8   À partir de ce moment, le directeur général portera aussi le titre de vice-président exécutif. Cette formule sera modifiée en 1989.

9   « Une croissance économique n'a de valeur que si elle s'appuie sur une éthique qui confère à la finalité humaine une primauté absolue. » Tel était le propos de Jean Mersh en 1938 pour expliquer l'engagement du CJD à promouvoir une économie au service de l'homme et non l'inverse. Mersh veut « restaurer la dignité de la fonction patronale ». En 1999, le CJD existe toujours.

10  Président du Groupement de 1978 à 1980, propriétaire d'une PME, Les Entreprises Gamex de Verdun, et membre du club industriel de Montréal-centre.

11  Par exemple, lorsque les membres provenant du secteur de l'acier et de la fabrication constatent des problèmes de plus en plus fréquents d'approvisionnement en acier, le Groupement organise un comité et un mini-colloque sur le problème et y convoque les grands producteurs d'acier, les distributeurs et les membres concernés.

12  Au début du Groupement, plusieurs ententes avec des consultants privés ont tourné en litiges et ont fait l'objet d'arbitrage devant les tribunaux. Des membres actionnaires se souviennent de cette période particulièrement difficile. À l'époque, ils avaient une certaine méfiance à l'égard des consultants.

13  Quelque temps plus tard, Paul Théberge sera remplacé puisqu'il sera nommé consul général adjoint à New York pour le gouvernement canadien.

14  Entre autres, rappelons-nous le plan proposé au début des années 80 par le ministre de l'Industrie et du Commerce, Rodrigue Biron.

15  Il ne faut pas oublier que la majorité des PME de cette époque ont moins de 50 employés.

16  En 1980, Marc Ruel est propriétaire, président et directeur général de la compagnie Les Industries du Hockey Canadien (1975). Encore aujourd'hui, à Drummondville, nous pouvons apercevoir cette entreprise de l'autoroute Jean-Lesage. Mais Ruel n'en est plus propriétaire depuis 1983.

17  En incorporant le Groupement québécois d'entreprises en juillet 1974, les fondateurs avaient aussi créé une filiale : le Groupement

financier québécois d'entreprises « qui jouera un rôle actif et positif dans le financement de certaines entreprises québécoises ».
Cette filiale n'a jamais été véritablement active par la suite.

18 Ce qui sera fait par l'engagement d'une personne-ressource, Marc
Pelletier.

19 Tiré des propos de Rodrigue Biron publiés dans le collectif
*Guerriers de l'émergence*, Éditions Québec Amérique, 1986, page 47.

20 Pour les deux plans Biron, le gouvernement injecte plus de
800 millions de dollars dans l'économie.

21 Souvenons-nous que c'est le député Biron qui, dès la fin de 1980,
a lancé l'idée d'étendre l'épargne-actions aux PME, pour faciliter
leur financement et leur inscription à la Bourse de Montréal. Voir
le journal *Les Affaires* du 24 janvier 1981.

22 Même à cette époque, les colloques s'organisent autour de sujets
techniques ou professionnels, alors que les congrès se centrent
davantage, mais non exclusivement, sur la dimension humaine du
métier de chef.

23 Ouvrage paru sous le titre *Un conseil d'administration au service du
chef d'entreprise* et édité par le Groupement québécois d'entreprises
inc. Ouvrage épuisé.

24 La compagnie Cascades quitte le Groupement en 1982, étant
donné qu'elle ne correspondait plus aux critères d'une PME.

25 Président de Les Industries G.L.M. de Baie-Comeau, entreprise spécialisée dans les systèmes mécaniques et hydrauliques.

26 Jacques Gauvin : membre du Groupement et futur président (1986-1987) ; Jean-Guy Laroche : conseiller au développement à la permanence.

27 Ex-dirigeant de PME, Pierre Beaulieu a été membre du Groupement par le biais de son entreprise.

28 Propriétaire dirigeant de Hoplab, entreprise spécialisée dans les produits pour les hôpitaux. En 1983-1984, président du Groupement et, par la suite, président du conseil d'administration durant trois mandats.

29 De Venmar, compagnie installée à Drummondville. Président du Groupement de 1984 à 1986, Richard Bourbeau est élu président à l'âge de 34 ans et il est le premier à être élu pour deux mandats consécutifs depuis Gilles Lefebvre.

30 Il suffit de se souvenir du succès international du livre *Le prix de l'excellence*, de Peters et Waterman.

31 Sociologiquement et philosophiquement, les années 80 se caractérisent par la montée de deux discours dominants : le premier est celui des valeurs, dites « dures », d'excellence, de performance, de compétitivité, de productivité, qui donneront naissance à tout le processus de rationalisation des entreprises au cours de la décennie 90, et ce, au nom de la rentabilité et de la concurrence mondiale ; le deuxième discours qui marque la décennie 80 est celui des valeurs humanistes centrées sur le respect pour tous (avoir de la

considération pour...) et sur le bonheur des employés dans l'entreprise. Ce deuxième discours sera passablement oublié au cours de la décennie 90 mais reviendra en force à l'aube du nouveau siècle.

32 Extrait de la conférence prononcée par Bernard Lemaire au colloque du 4 avril 1986 organisé à Montréal par le Groupement québécois d'entreprises. À la base de « la philosophie des frères Lemaire », ces principes sont explicités dans le volume : *Cascades. Le triomphe du respect*, Montréal, Éditions Québec Amérique, 1989.

33 Nous reviendrons sur ce concept de la santé d'un club dans la deuxième partie de cet ouvrage.

34 Pour les lecteurs désirant lire un récit objectif du cheminement du fondateur André Rochais, mais aussi des effets de ce modèle de développement humain, voir la thèse doctorale de 1998 de Anne Moquet-Pavary déposée à l'université Lumière-Lyon : *Pédagogie et développement personnel. Un organisme de formation*, PRH.

35 Paul-Henri Fillion est nommé, entre autres, au conseil d'administration de la SDI, tandis que Marcel J. Bundock est élu président du Conseil du patronat du Québec (CPQ) et que Richard Bourbeau accède au conseil d'administration du même organisme. À l'automne 1985, Jean-Guy Parent est nommé ministre du Commerce extérieur dans le gouvernement péquiste. Son mandat est cependant de courte durée puisque le Parti libéral enlève le pouvoir au Parti québécois au moment de l'élection du 2 décembre.

36 Serge Racine (Shermag) obtient le Mercuriade de l'emploi en 1984.

37 Entrepreneur beauceron, Fernand Bernard (Beauce Fibre de Verre) est présenté comme un grand innovateur dans un article de *La Presse* du 4 décembre 1984.

38 Charles Sirois (Télésystème National) est nommé jeune entrepreneur de l'année par la Jeune Chambre de commerce de Montréal. Après s'être lancé en affaires avec 9 employés en 1979, il se retrouve, en 1986, à 32 ans, avec 22 entreprises employant 1100 personnes.

39 Euclide Asselin (Asselin Transport) est nommé en 1986 premier « Grand Bâtisseur » à la chambre de commerce de Grand-Mère.

40 Tous trois sont passés par le MIC-Québec et ils ont cru à la mission du Groupement, même après avoir accédé à d'autres fonctions dans d'autres ministères ou organismes.

41 Le mot « partisan » s'applique à quelques partenaires très proches du Groupement et aussi à certains anciens membres qui ne peuvent plus l'être, et ce, pour diverses raisons : vente de l'entreprise, nouvelle orientation de carrière, retraite, etc.

42 Après Colette Gagnon, deux autres femmes accéderont au conseil d'administration à la fin des années 80 : Rita Pâquet et Gertrude Bradley. Pour les années 1999-2001, Julie Ostiguy (Aliments Carrière) devient membre du conseil.

43 Gisèle Croft est la première femme à adhérer au Groupement le 5 octobre 1979 au nom de la compagnie Bertrand Croft, fabricant de vêtements de sport. Encore aujourd'hui, cette compagnie de Chicoutimi est toujours membre et elle est représentée par

Nathalie-Anne Croft. En 1980, Marie Gaudet devient le deuxième membre féminin. Elle est suivie de Colette Gagnon en avril 1983.

44 Éric Forest (Fédération des caisses d'entraide économique), Gilles Lefebvre (Groupement québécois d'entreprises) et Paul Rocheleau (Corporation des administrateurs agréés) signent la demande d'incorporation de la Fondation de l'entrepreneurship.

45 Cette association existe encore aujourd'hui et elle est surtout active en Franche-Comté, au centre de la France. Au milieu des années 80, d'autres associations existent aussi : ETHIC (Entreprises de taille humaine industrielles et commerciales), le CFPC (Centre français des patrons chrétiens), le CJD (Centre des jeunes dirigeants) et l'APM (Association progrès du management, fondée en 1988).

46 Président de la compagnie Cartem, entreprise spécialisée dans la fabrication d'emballages de carton.

47 En 1987, sous la responsabilité de Pierre Beaulieu, Jean-Claude Couture, Benoit Paré, Philippe Tessier, Paul-André Proulx, Léo Tessier et Michel Droz contribuent à soutenir le fonctionnement des clubs. Avec les années, ces permanents ont acquis des compétences dans le domaine, même si à l'origine leur engagement au Groupement avait pour but de fournir d'autres types de services. À l'occasion, Paul Comeau réalise aussi certains mandats.

48 Gaston Bélanger, membre du conseil d'administration et du club de Baie-Comeau, et Aimé Deslauriers, également du conseil et membre du club Haut-Richelieu.

49 Souvent, les membres qui offrent de l'aide ont vécu la même situation.

50 Depuis la fondation du Groupement, la mission première s'est toujours énoncée de la manière suivante : « Le GQE existe comme milieu pour l'échange, l'entraide entre chefs de PME sur les plans humain et technique. » Au cours des années 90, elle sera redéfinie, mais toujours dans le même esprit.

51 À cette époque, vice-président des opérations au Centre de recherche industrielle du Québec (CRIQ).

52 OPDQ : Office de planification et de développement du Québec.

53 François Vachon avait avisé Marcel Patenaude qu'il ne pouvait pas accepter la présidence du conseil d'administration en raison de la grande expansion de ses affaires chez Cartem. À cause de la crise interne au Groupement et à la demande du nouveau président, il accepte de revenir temporairement sur sa décision. Au moment du dénouement de la crise à la fin de janvier 1989, Jacques Gauvin devient président du conseil en remplacement de François Vachon.

54 D'avril 1989 à novembre 1993, le Groupement a organisé, outre les congrès annuels, au moins une douzaine de colloques régionaux ou provinciaux ainsi que des réunions interclubs qui connaissent une forte popularité. L'esprit des congrès et des colloques est décrit dans les parties précédentes de cet ouvrage. La même tendance se poursuit au début des années 90 : les témoignages de membres priment et les conférenciers experts ajoutent de l'information. Donc, compte tenu de la grande quantité de colloques et de congrès, je

me contenterai d'en signaler uniquement les thèmes les plus importants.

55 En avril 1989, l'effectif du Groupement est de 476 membres répartis en 54 clubs. Depuis 1985, les données démontrent ainsi une progression constante, mais relativement faible. À cette époque, l'effectif était de 394 membres. En ce qui concerne les réunions mensuelles, la participation moyenne est de 62 %. [Données fournies au conseil d'administration à la suite des tournées provinciales faites au cours de l'année 1989.]

56 Préoccupations définies par le service de formation du MICT dont le responsable à l'époque est Germain Desbiens.

57 Deux des quatre ingénieurs du Groupement font partie de cette équipe : Claude Beauregard et Carl Lavertu.

58 Au cours de la rencontre provinciale des présidents et des vice-présidents de clubs tenue le 4 avril 1990 à Laval, le président Marcel Patenaude a lancé l'idée d'envahir les conseils d'administration des organismes voués à la promotion des intérêts des PME. Ainsi, les idées du Groupement pourraient influer considérablement sur le monde économique.

59 Propos tenus le 5 avril 1990 dans le cadre du colloque « Positionner mon entreprise ».

60 Michel Huard est président de Huard inc. (Félix) de Luceville, une entreprise d'exploitation de bois franc. Membre du Groupement depuis 1980.

61 Raoul Moulinié est président du Groupe Z-Tech inc. de Saint-Jérôme, entreprise qui fabrique des joints et appuis pour structures ; elle distribue et installe également des produits géotechniques. Membre du Groupement depuis 1985.

62 Devant le succès de la première rencontre, une deuxième est organisée afin de rejoindre d'autres membres dans la même situation.

63 Conclusions publiées dans le journal des membres, *Entre-Nous,* et dans les magazines *L'Entrepreneur* et *Québec Entreprise.* De plus, un rapport détaillé des deux rencontres a été produit par le Groupement.

64 Laurent Bolduc (Alliance Courtiers en Douanes inc.), Guy Boulanger (Boulanger et Cie ltée), Germain Courchesne (Industries Aston inc.), Roger Lessard (Laboratoires Choisy ltée), Raymond Dupuis (PSC Montréal ltée), Douglas Sheard (Tissus Géo, Sheard ltée) et Réal Parent (Véranda Jardin R.P. inc.).

65 Président de Ateliers Wood de Sept-Îles, entreprise spécialisée dans la remanufacturation, la réparation et le service d'équipement électromécanique pour les secteurs minier et ferroviaire. Membre depuis 1983.

66 Président de Techno-Diesel inc. de Joliette, entreprise spécialisée dans l'entretien et la réparation de camions, autobus et remorques ainsi que dans le réusinage de certaines pièces. Membre depuis 1983.

67 Nous ne décrirons pas maintenant tous les services élaborés entre 1996 et 1999 puisqu'ils seront, pour la plupart, repris dans la

deuxième partie consacrée à la vie des clubs ainsi que dans la troisième partie consacrée aux réseaux.

68  Ainsi le directeur administratif, Paul Comeau, après une formation dans l'accompagnement des chefs d'entreprise, s'engage dans le processus d'expansion en s'occupant de la région Montérégie–Rive-Sud. Au cours de la deuxième phase de régionalisation, il devient directeur de la région Sud et Ouest du Québec et de la région de l'Abitibi.

Et quand on décide de développer le *membership* dans la région de Montréal, le Groupement recrute Hélène Bergeron pour compléter son personnel. À cette époque, on procède à un véritable « ratissage » des entreprises manufacturières de la région de Montréal afin de leur faire connaître le Groupement et sa mission.

69  Ce projet original est présenté en profondeur dans la troisième partie de cet ouvrage.

70  PDG pour Performance, Développement, Gestion. Cet outil est présenté plus en profondeur dans la quatrième partie de cet ouvrage.

71  Président de Delstar inc. de Montréal, entreprise spécialisée dans la réparation, la remise à neuf et la vente d'équipements électromécaniques industriels et l'équilibrage de machines rotatives. Membre depuis 1986.

72  À ce sujet, retenons le sens donné dans *Le Petit Larousse illustré* : « Ouvrage en prose regroupant des réflexions diverses, ou traitant un sujet sans l'épuiser. »

73 La direction du Groupement sous la présidence de Jean-Yves Sarazin se compose des permanents suivants : Pierre Beaulieu, directeur général et chef des opérations, Benoit Paré, vice-président exécutif, Michel Bundock, directeur des régions, Claude Beauregard, directeur des réseaux, Paul Comeau, directeur administratif et Hélène Bergeron, directrice des communications, de la vente, du marketing et des événements.

74 Pour le Groupement, « le chef de l'entreprise est celui qui détient l'influence déterminante sur les orientations de l'entreprise ». Tiré d'un document interne du 6 mai 1999 : *Addenda sur la définition du client.*

75 Le Groupement considère le concept de forces motrices tel qu'il est défini dans l'ouvrage suivant : Michel Robert (avec la collaboration de Michel Moisan et de Jacques Gauvin), *Stratégie pure et simple II*, Éditions Transcontinental, 1999.

76 Guy Boulanger est président de Boulanger & cie ltée (Roland), entreprise spécialisée dans la fabrication et la distribution de moulures et de composantes en bois et autres dérivés. En 1975, cette compagnie avait tout de même près de 80 employés et quelques millions de dollars de chiffre d'affaires, dont 90 % au Québec. Maintenant, Boulanger & cie ltée et ses composantes emploient plus de 400 employés produisant 50 millions de chiffres d'affaires partout en Amérique du Nord.

77 Il n'est pas dans le propos de ce livre de décrire la « technologie » sous-jacente à cette vie de club au Groupement. Des documents internes l'explicitent et ils servent de soutien aux membres, aux vice-présidents et aux présidents de clubs. De plus, des outils

d'évaluation afin de cerner la santé de chacun des clubs ont été mis au point au cours des années.

78 De 1982 à 1989, Yves Rancourt est au service du MIC-Québec. Au cours de cette période, il est proche du Groupement. Avec Germain Desbiens, il prépare pour les chefs d'entreprise des séminaires inspirés partiellement de la formule des colloques du Groupement : formation de courte durée avec contenu très dense axé sur les besoins pratiques du chef d'entreprise.

Actuellement, Yves Rancourt est conseiller au Conseil exécutif du gouvernement du Québec, tandis que Germain Desbiens est président-directeur général de la Fondation de l'entrepreneurship.

79 Les définitions suivantes sont tirées du livre : Anzieu et Martin, *La dynamique des groupes restreints*, PUF, 1990. Elles sont également adaptées du livre présenté à la note suivante.

80 Voir le classique de J.L. Moreno, *Fondements de la sociométrie*, Paris, PUF, 1954. Moreno utilisait la sociométrie autant au sein d'une petite équipe de cinq personnes que de grands ensembles : une municipalité ou une organisation comme une école, par exemple. Voir également : Pierre Parlebas, *Sociométrie, réseaux et communication*, Paris, PUF, 1992.

La sociométrie de Moreno a beaucoup influencé l'étude des petits et des grands groupes, mais la lourdeur du traitement des données colligées en a ralenti les applications. Depuis quelques années, la sociométrie est redécouverte surtout à cause de sa pertinence dans l'étude des réseaux. Et maintenant, le traitement des données ne pose plus de difficulté avec la création de logiciels pertinents. Dans le réseau Internet, le sociogramme a été adapté pour illustrer le trafic des connexions (traficogramme) et pour cerner les réseaux d'affinités chez les usagers.

81 Tiré d'une synthèse historique préparée par le Groupement des chefs d'entreprise du Québec le 15 septembre 1997.

82 En principe, de huit à dix intervenants à vocation économique se réunissent mensuellement pour progresser comme intervenants humainement et techniquement.

83 Le Groupement assiste chacun des réseaux durant une période de quatre mois. Par la suite, le réseau est autonome selon les principes et les pratiques appliqués au club. Voir la deuxième partie de cet ouvrage.

84 Résultats synthétisés à partir du document : *Outils d'animation pour les réseaux d'intervenants*, Groupement des chefs d'entreprise du Québec, 1998.

85 Cette « technologie de l'entraide » implique nécessairement une évaluation continue des progrès des membres, mais aussi de la santé du réseau. Des outils adaptés aux intervenants ont été créés à partir de ceux qui sont utilisés dans les clubs de chefs d'entreprise.

86 À la fin de l'année 1998, le président Marcel Thuot livre son bilan de l'année en citant les chiffres suivants :

• 127 réseaux express sont réalisés ou en voie de réalisation.

• 740 emplois sont maintenus ou créés.

- 1944 emplois sont projetés.

- 13 tables de synergie se réunissent régulièrement.

- 27 réseaux d'intervenants sont fonctionnels.

- 364 intervenants sont engagés dans les réseaux express.

87  De tels groupes durent de quelques heures à, exceptionnellement, une année.

88  Par exemple, dans des groupes d'entraide, certains sont là par ordre de la Cour.

89  Voir mon livre à ce sujet : *Intervenir avec cohérence*, Éditions Québec Amérique, quatrième édition, 1992.

90  L'analyse de ces diverses possibilités de formation de clubs repose sur les principes présentés dans la deuxième partie de cet ouvrage, notamment ceux de J.L. Moreno, qui a élaboré la théorie des réseaux d'affinités : sympathies, antipathies et indifférences.

Par cette courte présentation, je veux situer les éléments essentiels à la prise de décision. Donc, il ne faut pas y voir un traité exhaustif sur ces sujets.

De plus, la typologie présentée s'applique aux groupes formés dans un but d'entraide et de partage. Pour d'autres types de groupes, comme le groupe de tâche, les principes et les pratiques peuvent varier.

91 La dimension sociale s'articule autour du concept de statut social. Dans la société occidentale, le statut social équivaut habituellement au statut professionnel. Ainsi on classe les citoyens selon leur occupation ou leur « position » dans le monde du travail et de l'emploi : chef d'entreprise, gestionnaire, comptable, enseignant, chômeur, retraité, sans emploi, ingénieur, étudiant, etc.

92 Il s'agirait de clubs affectivement hétérogènes (les membres ne s'étant pas mutuellement choisis) et socialement homogènes (les membres auraient la même fonction dans l'entreprise), mais animés par des pairs.

93 Voir l'examen de cette tendance et son lien avec l'initiative individuelle dans : Claude Paquette. *Demain une caricature d'aujourd'hui,* Éditions NHP, 1996.

94 Voir le texte de Paul-A. Fortin et Jean-Marie Toulouse, *Une mentalité et un nouveau discours à intégrer : entrepreneurship et création d'emplois,* Centre de documentation de la Fondation de l'entrepreneurship, 1997.

95 Voir le texte de Yvon Gasse, *L'éducation à l'entrepreneurship : un investissement nécessaire,* Centre de documentation de la Fondation de l'entrepreneurship, 1997.

96 L'argent est-il une valeur ? Effectivement, il y a place pour un débat. Voir mon livre, *Demain une caricature d'aujourd'hui,* pages 249 à 254.

97  Au cours de mes discussions avec le Groupement, nous aurions aimé que le terme « bâtissage » existe. Il nous semblait qu'il exprimait bien cet « éloge de l'art de bâtir... »

98  La turbulence en affaires n'est pas nouvelle, même si elle s'accentue depuis quelques années. Par exemple, il est bon de se souvenir que, depuis 70 ans, il y a eu 13 récessions économiques d'intensités diverses. Donc, une en moyenne tous les cinq ans. À cela, il faut ajouter les chocs financiers provoqués fréquemment sur les devises par la spéculation des investisseurs.

99  Parmi les outils importants de formation proposés par le Groupement, mentionnons le PDG. Élaboré en collaboration avec le Laboratoire de recherche sur la performance des entreprises de l'Université du Québec à Trois-Rivières, cet outil est un véritable bilan de santé de l'entreprise. Il se présente comme un outil de réflexion sur la situation d'une entreprise par rapport aux objectifs du chef de celle-ci. De plus, le bilan propose des pistes de réflexions prioritaires pour améliorer l'entreprise.

Il n'est pas surprenant que le Groupement se soit associé à ce groupe de recherche de l'UQTR puisque cette université est considérée comme l'une des plus engagées dans l'étude des PME et de l'entrepreneurship. Pour mémoire, il convient de se rappeler que dès les années 70 Joseph Chicha, alors directeur du département d'économie, a été l'un des premiers universitaires à démontrer l'importance des PME. Depuis cette époque, cette université regroupe un nombre important de chercheurs et de professeurs intéressés à ce phénomène. Mentionnons, entre autres, l'économiste Pierre-André Julien, qui préside la Chaire Bombardier en gestion du changement technologique dans les PME.

100 Paul Michaud. *Au temps de l'index : Mémoires d'un éditeur*, Montréal, Éditions Libre Expression, 1996.

101 Pour une analyse en profondeur de l'initiative individuelle pour tous, voir mon livre : *Des idées d'avenir pour un monde qui vacille*, Éditions Québec Amérique, 1992.

102 Par exemple, des 62 entreprises citées dans *Le Prix de l'excellence* en 1979, seulement 20 continuent une « vie normale » en 1985, selon un pointage réalisé par la revue économique *Business Week*. Les autres sont en faillite ou connaissent d'énormes difficultés ou encore sont dans des positions inquiétantes pour l'avenir. Au cours de la même période, de nombreux chercheurs américains publient des résultats de recherche démontrant que le concept d'excellence pour cerner les entreprises modèles n'est qu'« une fantaisie sans aucun appui théorique ».

103 Voir sa présentation dans la deuxième partie.

104 Voir son livre *Les personnalités exceptionnelles*. Voir aussi l'article de Jean-François Duval, « À quoi servent les grands leaders ? » dans *Construire*, 11 mai 1999.

105 L'intérêt des travaux de Howard Gardner vient du fait qu'il s'intéresse à des personnalités de différents milieux, mais toujours avec la même grille d'analyse. Exemples : Freud, Piaget, Monet, Mandela, Havel, Mozart, Gandhi, Thatcher, Blair, Gates ou Jobs.

106 Il ne faut pas oublier que l'approche de Gardner ne se limite pas au monde des affaires. Je retiens des exemples de ce milieu à cause de l'objet du présent livre.

# Remerciements

Je dois des remerciements tout particuliers à ces personnes qui ont accepté de m'accorder de longues entrevues afin de m'aider à situer les différentes étapes de l'histoire du Groupement des chefs d'entreprise du Québec. Notamment: Marcel J. Bundock, Liane Bundock, Marc Ruel, Claude Arcand, Marius Robitaille, Paul-Henri Fillion, Richard Bourbeau, Jacques Gauvin, François Vachon, Marcel Thuot, Jacques Plourde, Yves Rancourt, Ghislain Théberge, Gaston Bélanger et Guy Boulanger. Je leur exprime toute ma gratitude.

Il me faut aussi souligner la contribution continue du bureau de direction du Groupement, sous la présidence de Jean-Yves Sarazin: Hélène Bergeron, Paul Comeau, Claude Beauregard, Michel Bundock, Benoit Paré et Pierre Beaulieu. Comment aussi ne pas signaler le travail de Danielle St-Jacques, secrétaire des régions, qui a toujours répondu à mes demandes de documentation avec rapidité et attention.

Je ne peux pas passer sous silence la contribution de plus de cinquante membres du Groupement qui ont pris le temps de communiquer avec moi afin de témoigner de leur engagement dans l'association.

Pour m'avoir proposé un sujet aussi passionnant, je suis reconnaissant envers les deux éditeurs de cet ouvrage, Sylvain Bédard (Éditions Transcontinental) et Germain Desbiens (Fondation de l'entrepreneurship). Finalement, je tiens à remercier, encore une fois, mes deux fidèles collaboratrices, Diane Martin et Michelyne Lortie, qui contribuent toutes deux à l'amélioration de mes écrits.

**Claude Paquette,** *octobre 1999*

**Transcontinental**
IMPRESSION
IMPRIMERIE GAGNÉ

IMPRIMÉ AU CANADA